U0928324

DK

从零跑到马拉松

[美] 弗兰克 · 肖特（Frank Shorter） 著
路本福 译
孙宇辉 审校

電子工業出版社
Publishing House of Electronics Industry
北京 · BEIJING

目 录

作者寄语

1972年，我在德国慕尼黑奥运会上获得了马拉松项目的金牌，从那一天起，跑步就彻底改变了我的生活。不过，我最早与跑步结缘是在12岁时。当时，我一门心思想把自己“训练”成高山滑雪运动员，所以就决定开始跑步，每周都有几次跑着去学校、跑着回家。学校有明确的着装规定，所有的男生在校期间都必须穿系带的普通鞋子，不许穿休闲鞋，严禁穿运动鞋，但我成功说服了校长允许我穿运动鞋，因为我正在“训练”。上体育课的时候，其他人要么参加接力跑，要么打橄榄球，但我却可以在操场上跑圈。我当时肯定是个很善于说服别人的小孩。

我逐渐意识到，自己很喜欢奔跑的感觉。奔跑时我可以任由思绪飞扬，不知不觉就跑到了目的地。我喜欢完全掌控自己的奔跑过程，我甚至对自己的低帮橡胶底帆布鞋做了些改动，让它们变得更轻，这样我跑起来就轻快多了。

我当时从没想过要从跑步中得到什么好处，毕竟我的理想是成为一名出色的滑雪运动员。但一切就那么自然而然地发生了，跑步的确给我带来了诸多好处，我想这就是我与跑步的缘分吧！

Frank Shorter

弗兰克 · 肖特

frank shorter

第一章
跑步的基础知识

罗伯特·杰根盖克（Robert Giegengack）是我大学时的跑步教练，大一时他教了我一套独特的方法，让我学着做自己的教练。

杰根盖克的直觉非常敏锐，他是一个睿智的人，即便是在耶鲁大学之外，人们也都认为他是一个伟大的教练。他的布鲁克林口音非常明显，而且说话不是特别利落，听起来就和动画片中的爱发先生差不多（爱发先生是华纳的明星卡通角色，一个光头的猎人，和兔八哥是一对冤家，他总想捉住兔八哥，但却几乎每次都被精灵古怪的兔八哥捉弄。——译者注），他总叫我“弗兰基”。

在我学习跑步的前几年里，杰根盖克教会了我很多东西，比如如何训练，以及如何把各种训练融合成一个完整的体系。现在，我希望能把这套独特的方法传授给更多的跑者，让大家也能够像我一样实现自己的跑步目标。

跑步的效果和益处

就保持体形而言，跑步是一种最基础、最有效也最廉价的方法。跑步的好处可太多了，它能帮助你减轻体重、提升骨骼的力量和骨量、增强免疫力、降低血压，它也能让你的外表变得更有魅力，让你变得更加自信。最重要的是，这种方法几乎适用于所有人。我们每个人都会走路，只要会走路，就可以开始跑步。

锻炼效果

跑步带来的锻炼效果能够改善人的心血管系统。持续锻炼一段时间后，你的身体会感到疲劳，随后，身体会经历一个恢复和再造的过程，以确保下次锻炼时能够做好更充分的准备。为了适应新的要求，心血管系统会强化心脏机能，事实上它会增加血管的数量、增大血管的直径、增强血管的弹性，从而加快血液和氧气在体内的循环。结果就是，当你下次进行同样强度的锻炼时，很可能感觉就轻松多了。

跑步与减肥

跑步燃烧的卡路里几乎比任何其他形式的运动都要多，所以是一种非常不错的减肥方式。跑步能让你心情愉悦，能加快新陈代谢，能有效减轻体重。减肥并不是什么复杂的事情，它就是一个简单的算术问题。只要你消耗的卡路里，或者说能量单位，比摄入的卡路里多，你的体重就会减轻。你必须特别留意自己的卡路里摄入量，并通过跑步确保卡路里的消耗量大于摄入量。记住，即便你是一个跑步新手，也能够达到跑步老手同样的减肥效果，这是因为每跑步1.6公里消耗的卡路里大约都是100千卡。卡路里的消耗量与你的配速几乎没什么关系，不管你跑1.6公里需要15分钟还是4分钟，只要运动强度在同一水平，消耗的卡路里基本上都是一样的。

跑向未来：无论是独自奔跑还是和小伙伴一起奔跑，跑步都是一种投资，为了一生的健康，奔跑吧！

减肥：跑步不仅能带给你良好的感觉，而且还有助于减肥，你要做的就是经常跑步、健康饮食。

减缓衰老

跑步可以强化心血管系统，加快血液和氧气在体内的循环，这种加速有助于强健肌肉、增加骨密度、增强免疫力、减缓血管疾病的进程，据说还能够在一定程度上延缓衰老。除此之外，跑步还能让你的皮肤变得更洁净，让你显得更年轻。

对于女性来说，跑步还能缓解更年期出现的各种症状，比如体重增加、精神抑郁、无精打采。跑步还是对抗骨质疏松症的强大武器，因为跑步能够增加骨量。既然每天跑跑步就能让人心情舒畅，而且还能让青春常驻，那何乐而不为呢？

跑步者的愉悦感/跑者高潮

跑步者的愉悦感/跑者高潮现在已经广为人知了，最早发现这种感觉的人是有氧运动（指的是一种可持续的活动，比如跑步，这种活动以氧气作为能量来源）之父肯尼斯·库珀博士。有一天，有个人跑来说感谢库珀博士的救命之恩。库珀博士回答说：“别客气。你能说说我是怎么救了你的命吗？”原来这个人此前患有抑郁症，而且有自杀倾向。在极度苦恼中，他计划通过全速冲刺造成心脏骤停，从而绕过人寿保险中的自杀条款。他从家门口开始跑，才跑了一小段就崩溃了，但并没有死。后来他又尝试了几次，而且一次比一次跑得远，结果发现自己的情绪好像没那么低落了。他在无意间意识到，跑步竟然是一种对抗抑郁症的好办法，换句话说，他已经体验到了跑步者的愉悦感/跑者高潮。

锻炼与心情

除了生理上的益处，科学家们也从心理层面上研究锻炼的效果，也就是很多人都知道的“跑步者的愉悦感”（参见上方方框内的文字）。跑步过后，体内会大量分泌一种叫作内啡肽的荷尔蒙。这些荷尔蒙通常被称为“快乐荷尔蒙”，因为它们可以改善心情，阻断疼痛受体，防止受体发挥作用。当然，对于临床抑郁症患者，跑步者的愉悦感并不能取代专业人士的帮助。尽管如此，我们依然可以看到，锻炼的确能够提高人的精气神儿。此外，有越来越多的证据表明，经常跑步的人焦虑水平也会显著下降，而且不容易发怒。

跑步带给女性的好处：增加骨密度、避免体重增加、保持体内荷尔蒙水平的稳定，从而缓解更年期出现的各种症状。

我相信每一个跑者都是运动员：不同运动员之间的差别仅仅在于运动的强度、目标的设定和关注的焦点。

跑步带来的益处

坚持跑步能够改善你的健康状况，让你看起来更有吸引力，同时也能够改变你的人生观。下面列出了跑步能够带给大家的附带福利：

- 让身体变得更健康
- 有助于减肥
- 让人看起来更有魅力
- 增强免疫力
- 增加骨量
- 增强自信
- 改善心情
- 减缓衰老
- 保持体内荷尔蒙水平的稳定
- 改善血液循环
- 让人更精力充沛
- 缓解更年期出现的各种症状
- 降低焦虑水平

你的体能如何

心率指的是每分钟心跳的次数（BPM），也就是心脏每分钟将血液泵至全身的次数。心率也是衡量心血管功能的最佳指标，你的静息心率则是衡量你的基础体能的关键指标。运动时你的心率会升高，通过心率升高的情况，你可以准确地判断自己是该加快步伐还是该把速度降下来。本小节的内容会告诉你如何利用心率让自己的体能达到最佳状态。

心血管健康的关键

从现在开始，就让心率成为你的向导吧。首先，你要清楚自己的静息心率（RHR）是多少。所谓静息心率，指的是人在完全放松的状态下每分钟心跳的次数，绝大部分人的静息心率是每分钟60～80次。通常来说，体能较好的人静息心率也较低。测量静息心率的最佳时间是经过一晚上充分睡眠后的早晨，最好在起床之前测。

随着体能的改善，你的心脏会变得更加强大，此时你的静息心率很可能会下降。不过，在开始训练的第一年，你的静息心率可能会维持在一个相对稳定的水平。随着年龄的增长，静息心率也会有升高的趋势。不过，静息心率高并不一定就是坏事：即便是处于最佳状态的世界纪录保持者，他们的静息心率也可能比较高。如果你训练得非常辛苦，而且静息心率出现了攀升，那你很可能就是训练过度了。

体质指数（BMI）

体质指数也叫体重指数，是利用你的身高和体重确定身体胖瘦程度和健康状况的一个指标。体质指数在18.5～24.9之间是比较理想的，如果低于18.5，就说明体重过轻，高于25，则说明超重了。

体质指数的公制计算公式为：

体质指数（BMI）=体重（千克）÷身高^2（米）

举例：57千克÷（1.7米×1.7米）=19.6

体质指数的美制计算公式为：

体质指数（BMI）=体重（磅）÷身高^2（英寸）×703

举例：125磅÷（67英寸×67英寸）×703 = 19.6

最大心率和训练区间

最大心率（MHR）指的是人的心脏能够承受的每分钟跳动的最大次数。这个次数的估算办法是用220减去年龄。除非是在有监控措施的情况下进行医学意义上的压力测试，以便评估心血管系统的功能，否则你永远都不应该让自己的心率达到最大值。

在训练时，最佳心率的区间值约是最大心率的60%～70%。在这个区间内，对心血管系统的训练效率是最佳的。此时心血管系统会利用氧气燃烧一种叫作糖原的碳水化合物能量源，而糖原是运动训练的最佳燃料来源。中等强度的训练不仅有利于改善体能，而且还能避免掉进训练过度的陷阱，避免出现肌肉疲劳或受伤。

忠告

很多人在训练时跑得很凶，事实上完全没这个必要。除非你正为参加比赛进行长跑训练（90分钟以上）或者间歇训练，再或者上坡跑训练，否则你跑步时的心率完全没必要超过最大心率的70%。在进行上述训练之前，你应该先进行一年左右的轻松跑训练。即便你已经轻松地跑了一年，现在也不能让自己跑步时的心率超过最大心率的80%。在这么快的心率下跑步也就只能持续几分钟的时间，而且很快就会出现训练过度的症状。

心率健康公式

利用脉搏确定你的心血管健康水平和最佳训练强度。利用以下3个基本公式计算你的体能水平：

静息心率（RHR）=早晨起床前测量的心率。用手指按住右侧颌骨与脖子交接的地方或者按住自己的手腕，持续10秒，记下脉搏跳动的次数，然后用记下的数字再乘以6，就可以得到你的静息心率。

最大心率（MHR）=220−年龄

有氧训练区间（最大心率的60%～70%）=你的最大心率×60%（或者70%）

有氧运动和无氧运动

简单来说，有氧的意思就是有“足够的氧气”。肌肉运动就是利用空气中的氧气作为燃料，通过燃烧糖原（一种单糖）、脂肪或者蛋白质（效率低于糖原的能量源）为肌肉收缩提供动力的过程。当心率到达一定水平（从最大心率的70%～80%算起），且持续一段时间后，身体就无法获得足够的氧气保持正常的新陈代谢了。心率越高，达到这个临界值的速度就越快。达到临界值后，肌肉就开始以无氧的方式来处理能量源了，也就是说“没有足够的氧气”了。这种低效的处理过程会产生一种叫作乳酸的副产品。乳酸会在肌肉中堆积，并最终导致肌肉停止收缩。

所以说，如果你在无氧的状态下跑步，通常持续的时间都不会超过3分钟。要想提升心血管的健康水平，并不需要让训练强度达到无氧状态，有氧训练就能提升你的体能，让你变得更健康、更强壮。

静息心率是体能和训练的关键所在：每天早晨测量一次，并把数字记下来，这样你就能知道自己的体能状况了。如果数字变小，说明你的体能改善了，如果数字变大，则说明训练过度了。

跑步时穿什么

跑步服装的设计有两个初衷，一是舒适性，二是功能性。可靠的面料能够让体内的湿气散发出去，让身体保持干爽，这样的面料虽然比较贵，但绝对物有所值。与廉价的织物相比，这些面料更轻、更耐用，也会让你觉得更干爽、更温暖。要想让运动服装既起到保护身体的作用，同时又不至于让身体感觉过热，就要不断尝试分层穿衣的技巧。

一分钱一分货

高端运动外套使用的面料都有防风、防水和透气功能。简单来说，防水面料可以让皮肤上的汗液以水蒸气的形式挥发出去，但外部的水却进不来。你可以想象这种面料上有很多小孔，这些小孔的尺寸比水分子小，但比水蒸气分子大。防水面料和疏水面料都能够阻止水从外部渗透进来。如果你是一个容易出汗的人，就要记住一点：有些人发现防水面料的保温效果的确有点过头了。

穿衣分层是关键

你衣柜里的跑步服要有透气的功能。跑步时穿多层透气衣物的目的是防止出现“激冷效应”。皮肤上的水分蒸发时会带走热量，从而让皮肤表面变冷。如果有风吹过潮湿的皮肤或面料，冷却过程就会加速。你可能已经想到了，激冷效应在寒风中表现得最为严重。如果能够做到分层穿衣，而且衣服都有透气功能，就可以确保湿气能够透过衣服散发出去，从而给你温暖干爽的感觉，即便天气不好也不怕。不管做什么，穿衣时宁愿多穿一层，如果真穿多了，你总可以随时脱掉一件或者把它系到腰上。

贴身层

要确保你的贴身衣物有保暖排汗的功能，能把运动时产生的湿气散发出去，同时又能确保无论是水还是冷空气都进不来。由于人体的大部分内脏器官都位于躯干部分，所以要给自己的上半身更多的呵护。如果天气比较温暖或者略显干冷（气温在7～10℃之间），贴身层可以考虑穿用排汗面料（比如涤纶、棉、尼龙或者莱卡）制作的长袖衫，需要

为什么要选择排汗面料？

一定要选择有排汗功能的面料，比如涤纶、棉、尼龙、莱卡或者Coolmax、Dri-fit、Micropique等品牌的高科技纤维材料。这些材料能够让皮肤表层产生的湿气散发出去，这些湿气会在面料的外侧聚集，然后挥发到空气中，但面料的内侧却始终是干燥的。排汗面料虽然无法防止你出汗，但却能够带给你干爽的感觉。

冷天跑步装备

就跑步养生而言，一身优质的跑步服绝对是加分项。下面这位男模特的着装就能够让他在冷天跑步时也觉得很暖和。

热天跑步装备

高科技排汗纤维面料的服装和必要的配件能让你在热天跑步时感觉更舒服一些，比如带个便携水壶。下面这位女模特的着装就能够让她在热天跑步时也觉得很凉爽。

的话还可以在外面套一件防风、防水、透气的跑步服。

下半身可以穿一件尼龙经编织物的短裤。这种短裤虽然排汗功能一般，但比较耐用，而且还是速干的。不过，如果风比较大，建议你穿紧身跑步服。就紧身衣来说，面料倒不重要，但一定要确保织得比较密，能起到防风的作用。

冷天

如果外面的天气比较冷（气温低于7℃），有必要买一套防水、防风、透气的专业跑步服了。虽然得多花点儿银子，但这笔投资绝对是值得的，因为专业的跑步服能给你更好的呵护。在冷天跑步时，可以贴身穿一件排汗的长袖衫，特别是当外面风比较大的时候。如果皮肤表面湿乎乎的，风一吹特别容易导致体温过低。在贴身衣物的外面，可以穿一件长袖的棉布衬衫，以起到防风的作用。在棉布衬衫的外面，再套上一件防风、防水、透气的专业跑步服。

天冷的时候，很多热量会从头部散发出去，所以，冷天跑步时最好戴个帽子。此外，你还可以戴个脖套，需要的时候就把它拉到下巴以上的位置，以起到更好的保暖效果。冬天跑步的人都知道，如果能把手腕罩住，就会觉得暖和多了。所以要确保跑步服的袖子足够长，可以把它拉下来把手腕罩住。当然，戴手套也能达到同样的效果，五指手套或者连指手套都可以。

如果是在下雨天跑步，在排汗贴身层之外穿一件防水透气的上衣，下身可以穿一件紧身跑步长裤或者短裤。记得戴个棒球帽或者跑步头带，这样汗水和雨水就不会流到你的脸上或者眼睛里了。

运动文胸

如果你是一名女性，那就需要给自己买一件运动文胸了。与普通文胸相比，这种文胸的设计初衷就是要把高强度活动造成的乳房晃动降至最低，所以能给乳房带来更好的支撑，进而带给你更佳的舒适感。要想知道某件运动文胸是否能带给你足够的支撑，只要上下跳几下就知道了，如果文胸的支撑力足够，跳的时候你的乳房就不会上下晃动。

前

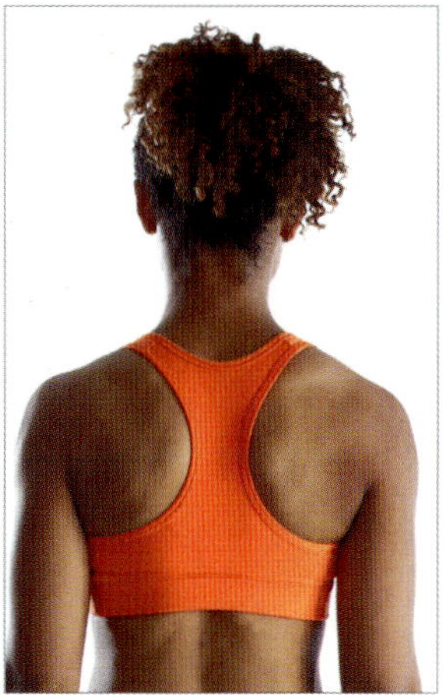

后

低支撑运动文胸

这种文胸通常不是按罩杯尺寸来销售的，而是分为小号、中号和大号。这种文胸通过压迫乳房使之变得相对平坦，进而达到防止乳房上下剧烈晃动的目的。也就是说，这种文胸不会太紧，所以也不会使人呼吸困难。如果你平常戴的文胸是B罩杯或者更小，低支撑运动文胸就是你理想的选择。

高支撑运动文胸

如果你平常戴的文胸是C罩杯或者更大，那你的最佳选择就是高支撑运动文胸。这种文胸会用两个模压罩杯把你的两个乳房包裹起来。与低支撑运动文胸不同，这种文胸是按罩杯尺寸来销售的。为了获得最佳的支撑效果，这种文胸使用的织物在垂直方向上的弹性非常小。

热天

如果天气比较热（气温超过了21℃），穿衣时就要考虑尽量让湿气以汗液的形式聚集在你皮肤上。当汗液挥发时，会把热量带走，从而给你凉爽的感觉。不过，在热天锻炼时，还是要选择有排汗功能的衣服。这种衣服不会吸收太多的湿气，即便你不停地流汗，它们的重量也不会明显增加。对于男士来说，一条尼龙经编织物的短裤和一个背心就足够了。女士则可以选择背心或无袖上衣，最好配一件运动文胸。

如果是在烈日下跑步，一定要采取必要的防护措施：戴个遮阳帽，涂抹防晒霜，而且一定要及时补水。如果你还想戴一副太阳镜，那就选一款专为跑步设计的太阳镜，即便你跑得大汗淋漓，这种太阳镜也能稳稳地架在鼻梁上。

动动脑筋

如果跑步时天气很冷而且刮着大风，一定要穿一件有透气功能的外套。这是因为一旦汗水在皮肤上聚集，就很容易出现“激冷效应”，进而导致体温过低。

如果是在户外跑步，即便是多云天气，也要涂抹防晒霜，防晒系数至少为15。很多厂家都推出了专为户外运动配置的防晒霜，而且款式非常多，就算你大量出汗，也不会把防晒霜冲掉，而且它们也不会堵塞毛孔。记住：即便你用的是抗汗防晒霜，也要多次涂抹，以起到最佳的防晒效果。

如果是在烈日下跑步，我强烈建议你戴一顶帽子，以避免出现暴晒或脱水现象。如果天气特别热，那你最好就不要跑步了，至少不要在早晨9点到下午4点之间跑，因为这个时段内的太阳光最强。

袜子

袜子是要穿在脚上的，所以一定要让袜子合脚。不合脚的袜子穿起来一定不舒服，而且很容易把脚磨出水泡，不管袜子的材质如何都是如此。袜子的类型有很多，下面列出的是最常见的三种类型，每种类型都有自己独特的卖点，但一定不要忘了，合脚才是关键。

厚棉袜

棉袜很柔软，穿起来也很舒服，不过，一旦沾上水就会湿漉漉的，会把脚磨出水泡。如果你的脚容易出汗，或者你打算在雨中跑步，棉袜就不是理想的选择了。

合成纤维速干袜

如果你的脚容易出汗，或者跑步时间会超过90分钟，不妨试试用合成纤维制成的速干袜。

双层袜

这种袜子有两层，跑起来时这两层材料会彼此摩擦，而不会与你的脚摩擦，所以不会把脚磨出水泡。如果你要长距离跑步或者参加马拉松比赛，选择双层袜准没错。

跑鞋

在选购跑鞋的时候，应主要考虑三个因素：合脚、缓震性和稳定性。为了找到最适合自己的跑鞋，最好去口碑好的专业跑步装备商店购买，应确保店里的工作人员掌握相应的专业知识，而且富有爱心和耐心。一定要记住，你没法通过磨合让跑鞋变得合脚。如果你在买鞋时没有优先考虑是否合脚，没有考虑鞋子的缓震性和稳定性，而是被鞋子的颜色、价格吸引或者因为贪图便宜去了一家不够专业的商店，最终头疼的一定是你自己，而且你的双脚也不会舒服。

找到最合脚的跑鞋

我所说的合脚就是穿着舒服。跑鞋与普通的鞋子不同，不存在穿一段时间就会合脚的说法，所以最适合你的鞋子就是第一次试穿时就感觉最舒服的那双。所有鞋子的制作都离不开鞋楦，鞋楦是鞋的成型模具，通常用木头制成。鞋楦是以脚型为基础设计的，样式很多。鞋楦与你的脚型越像，鞋子就越合脚。挑选最完美的跑鞋就是一个不断试错的过程，根本没有捷径可走，即便是同一个品牌的鞋子，也没有太多的可参考性，这是因为不同款式的鞋子使用的鞋楦可能大相径庭。如果真找不到最合脚的鞋子，你可能就要考虑矫正鞋垫了。

销售员应该关注的基本问题

销售员首先应该关注你的个性化跑步需求，下面这些问题是他们应该问你的：

- 您多久跑一次步？
- 您每周的跑步量大约是多少？
- 您跑步时或者跑完以后有哪里觉得疼吗？
- 您是要为参加比赛进行训练吗？

销售员还应该当场看看你跑步的姿势，以确定你的双脚需要多大程度的支撑，同时还要据此判断你是否存在足外翻（内旋过度）或者足内翻（内旋不足）问题。

鞋底纹路的磨损

足外翻的跑者会发现，他们鞋底内侧的纹路会首先出现磨损，鞋子的内底也会因为长期受到挤压出现磨损。足内翻的跑者则会发现，鞋底外侧前部的纹路会首先出现磨损。足内翻的跑者通常比足外翻的跑者更费鞋子。

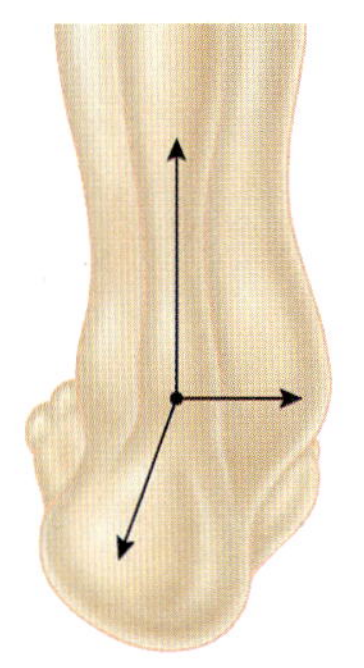

足外翻（左脚）

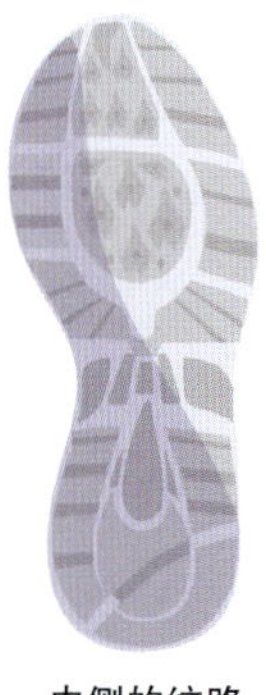

内侧的纹路先出现磨损

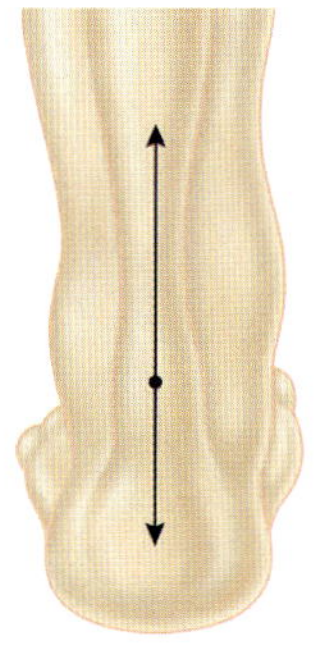

正常（左脚）

纹路磨损比较均匀

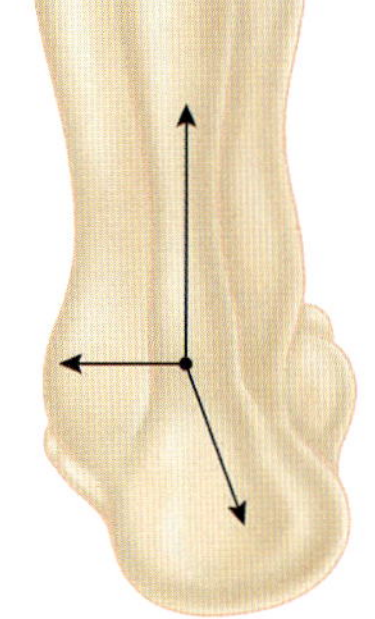

足内翻（左脚）

外侧的纹路先出现磨损

缓震性

良好的缓震性或者叫支撑性非常重要，这是因为奔跑时脚部要承受巨大的压力，你每迈出一步，脚部所承受的压力约为你体重的4倍。EVA（乙烯-乙酸乙烯酯共聚物）中底的跑鞋具有一流的缓震性，能够很好地吸收如此强大的冲击力，但这也意味着你要付出一定的代价，因为这种跑鞋可不便宜。当然，也可以通过垫鞋垫达到一定的缓震效果。不过我还是建议你一开始就买双有缓震功能的专业跑鞋。

稳定性

足内旋（pronation）是跑步时双脚的正常运动形态，也就是脚后跟（偏向外侧）首先着地，继而带动足弓和踝关节沿着脚部外侧向前，然后向内有个轻微的翻转后，用脚掌蹬地获得力量抬脚，这样就完成了所谓的一步。你在跑步时要尽量保持足内旋的正常形态，避免出现两个极端，也就是内旋过度和内旋不足。

跑鞋的稳定性对于矫正内旋过度和内旋不足至关重要。先不要担心你的脚是如何落地的，只需要确保你购买的跑鞋能够为你的脚部运动形态提供必要的支撑或稳定性就好了。

前面说了，足内旋的两个极端状态是内旋过度和内旋不足，也叫足外翻和足内翻，描述的都是你的脚落地的方式。这种极端状态如果不断重复，就会对你的脚造成损伤。所谓足外翻（内旋过度），是指在足弓依然保持水平状态时，踝关节在脚趾离地前还在往内侧旋转，要用脚掌内侧蹬地获得力量后方才提脚，这会给脚部的肌肉和筋腱带来更大的压力。所谓足内翻（内旋不足），指的则是脚在落地之前就向外拱起。足内翻的跑者通常都是脚外侧先着地，着地后，脚向内侧翻转时，还没翻到位就抬脚了，这可能会造成踝关节扭伤。

需要考虑的事情

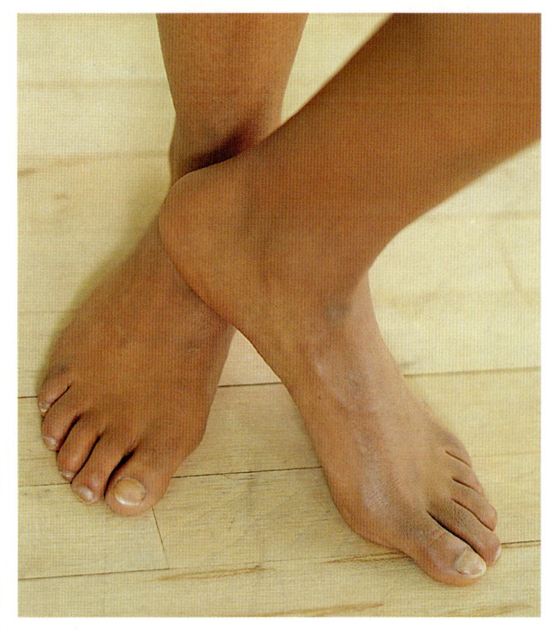

足弓：高足弓的跑者容易脚疼，也容易出现足内翻的情况，所以要选择缓震性和支撑性好的鞋子。平足或低足弓的跑者则容易出现足外翻的情况，所以要选择稳定性好的鞋子。

大脚、小脚：大部分人的两只脚都不一样大，买鞋子的时候一定要以尺寸较大的那只脚为准。

变大的脚：有些人跑步几年以后发现自己的脚变大了，这可能是足弓被渐渐压扁的结果。接受这个事实，重新选择适合自己的跑鞋就好。

鞋底纹路的磨损：有时候销售人员会希望看看你的旧跑鞋，以便判断你的跑步姿势。如果你没穿旧跑鞋去店里，也不用担心，只要脱了鞋让销售员看看你的脚，他们也能得到想要的信息。

宽脚、窄脚：同一尺码的鞋子可能会有不同的宽度，从窄到宽分为好多种可供选购，而且不同品牌的鞋子在宽度和长度上的标准也各不相同，所以买鞋的时候一定要让销售员帮你好好挑选，以便找到最适合自己的跑鞋。

跑步装备专卖店

为了找到一双适合自己的完美跑鞋，一定要去跑步装备专卖店，或者去体育用品专卖店。全球各大城市基本都有跑步装备专卖店，你可以上网搜索对当地专卖店的评价，或者咨询其他的跑者：找到靠谱专卖店的最佳方式通常要靠圈内人的口碑相传。

你可能并不是很清楚自己到底想找什么样的跑鞋，所以可能需要在店里待上一会儿，这就要求接待你的销售员一定要有耐心、要具备专业跑步知识。销售员不应该催促你，也不能只给你推销特定品牌的跑鞋。帮助你选购跑鞋的人自己应该是一名跑者，而且应该向你提出一系列的问题，比如：你多久跑一次步啊？你每周的跑步量是多少啊？等等。

脚尖先着地还是脚跟先着地？

销售员在为你选择跑鞋时应该考虑到你跑步时脚部触地的方式。如果是脚的前部或者脚掌下面靠近拇趾根的球形部分先着地，那你就属于脚尖先着地的跑者。如果你是脚跟或者脚的后部先着地，那你就属于脚跟先着地的跑者。无论脚的哪个部位先着地，都没有对错之分。

人的重心位于身体中部的某个位置，理论上来说，你肯定希望跑步时自己的重心落在脚部跟地面的第一个接触点上。如果你跑步时身体保持着直立的姿势，那你很可能是脚跟先着地的跑者，但如果身体是前倾的状态，那就很可能是脚尖先着地的跑者。

由于大部分人跑步时都是脚跟先着地，所以跑鞋就演化出了包裹性的后衬，这是由硬塑料片沿着脚后跟围成的一个上窄下宽的半圆，目的是为了加强对脚部稳定性的支撑作用，减少脚后跟的上下移动，也就是让鞋能"跟脚"。这种支撑结构能够在一定程度上抑制内旋过度或者内旋不足。不过，如果你属于脚尖先着地的跑者，后衬对你来说就不是那么重要了。请一定要记住舒适原则，跑步时鞋子是否跟脚你肯定是能感受到的。通常来说，适当的支撑就是最恰当的，因为支撑过度或支撑不足的鞋子跑起来都不会舒服。

矫正鞋垫

如果找不到一双舒服的鞋子，可能就需要去看足科专家了，让专家确定你是否需要一双矫正鞋垫。矫正鞋垫可能是预制的，也可能是根据你的脚型定制的，目的都是为你的脚提供特定的支撑。可以用三周的时间去适应这种鞋垫。很多垫矫正鞋垫的跑者都取得了巨大的成功，不过，矫正鞋垫也并不是包治所有脚部问题的灵丹妙药。如果垫了六周后还是会觉得脚疼，就说明这双鞋垫不适合你，扔掉它们，然后重新去看足科专家。

跑鞋结构分析图

在去专卖店之前，最好先熟悉一下跑鞋的结构。因为掌握了必要的跑鞋知识后，你就能更好地与销售员对话了。这些知识甚至能够帮助你做出更加明智的决定，你会更清楚自己到底想要什么样的跑鞋，而且也知道为什么。

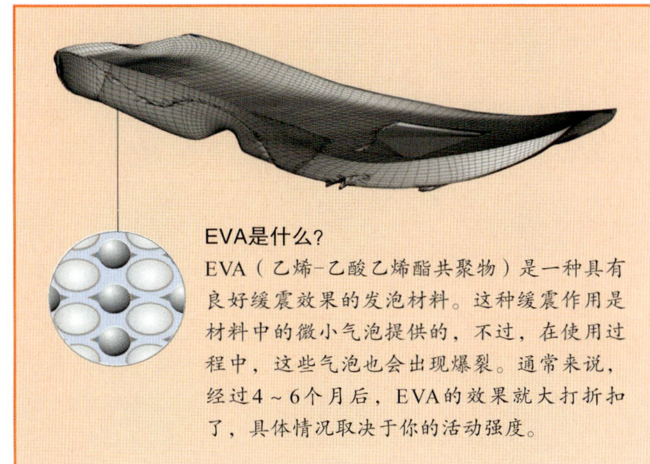

EVA是什么？

EVA（乙烯-乙酸乙烯酯共聚物）是一种具有良好缓震效果的发泡材料。这种缓震作用是材料中的微小气泡提供的，不过，在使用过程中，这些气泡也会出现爆裂。通常来说，经过4～6个月后，EVA的效果就大打折扣了，具体情况取决于你的活动强度。

内底：鞋子的内部结构，可以移除。如果你需要用到矫正鞋垫，也是放在这个位置。

前衬：空间要足够大，以便有地方活动你的脚趾。

后衬：非柔性的，是上窄下宽的杯形，旨在为脚跟提供支撑和稳定性。对于脚跟先着地的跑者来说尤其重要。

中底：具有缓震性和稳定性。高质量跑鞋的中底通常都是EVA材质的。

鞋面：鞋子的主体部分，通常使用皮革或更轻的透气合成材料制成。

外底：鞋子底部的橡胶或“纹路”。具有缓震性和耐用性，具体性能取决于橡胶的类型。

跑步装备和技术

跑步的好处就在于它几乎不需要什么装备，你只需要穿上衣服和鞋子，然后走出家门去跑就好了。如果你想搞清楚自己的训练心率，只需要一块手表，并且会计数就行了。然而，如果你想知道非常精确的训练数据，可能就得靠装备来帮忙了，比如简单的手机App和高端的健身追踪器等。

在数字时代跑步

在很长一段时间里，跑者通常都是依靠秒表和心算来记录自己的跑步进展。随着技术的不断发展，运动商店开始出售各种跑步装备，其中包括GPS全球定位系统、心率监测器和计步器，这些装备能够帮助跑者记录自己的训练情况。现今的各种数字化装备也有同样的设计目的：它们都是记录工具。

技术类型

现代跑步技术大致可分为两大类：可下载智能手机应用（App）和可穿戴健身追踪器。

跑步App能够有效记录基本的训练信息。这些App充分利用了内置在智能手机里的技术，比如GPS全球定位系统（可记录距离和速度）和移动传感器（可记录步数）。有些App还能帮助你规划新的训练路线，或者显示你的跑步轨迹地图。你甚至可以输入自己的体形信息，这样App就能计算出你每次跑步消耗了多少卡路里的热量。有些App是完全免费的，也有一些要付费购买后才能使用。对于跑步新手和业余跑者而言，跑步App是一种非常不错的工具。

对于更高级别的跑者来说，健身追踪器才是更适合他们的跑步装备。这些像腕表一样的装置不仅具备跑步App的各项功能，而且通常可以24小时佩戴，旨在鼓励跑者保持更健康的生活方式。健身追踪器可以记录跑者的心率、睡眠周期和静坐时间，也可以把记录下来的信息上传到智能手机或电脑上查看。具体的功能与追踪器的品牌和价格密切相关。顶级的装置本身就是一台微型电脑，能够在你外出活动时播放音乐、显示文字信息、查看电子邮件。不过，这些功能可能会对你形成干扰，让你无法专注于跑步本身。

比赛用芯片计时装置

如果你已经开始参加马拉松比赛了，那你很可能听说过冠军芯片。这个小小的塑料计时装置能够借助特殊的技术和条形码准确记录你的净时成绩和分段成绩。有些芯片可以绑在鞋带上，也有一些固定在号码布背面。这些计时芯片都有防水功能，而且不受天气的影响，比赛时只要你跑过装有传感器的垫子，芯片就会记录下时间。

大部分跑者都会租用马拉松比赛主办方的芯片，因为这些芯片只能搭配装有传感器的垫子使用。跑者可以在比赛前一天领取芯片，比赛结束后立即归还给主办方。你也可以从专业芯片公司那里购买计时芯片。

社交跑步

将数字技术与跑步训练计划结合还有一个特

点，这也是一种潜在的好处，那就是可以得到他人的鼓励。很多App和追踪器都能链接到社交媒体，跑者可以与自己的朋友分享最新的跑步信息，通常会分享GPS记录下来的跑步路线图。有些跑者发现这种分享对自己是一种不错的激励，尤其是那些希望增加跑步距离或者提高配速的跑者。有些装置还允许你和朋友们“竞争”，看看在特定的时间内谁走或跑的距离最长（或者步数最多）。这些挑战和社交互动能够激励用户去追求更高的目标。不过，有一点你要记住，虽然这些挑战和互动能促使你去挑战更高的目标，但你一定不要忘记给自己设定的具体目标是什么，以及你自己的能力到底有多大。不要因为仅仅想让自己在App上看起来比朋友们更棒而过度训练，更不要冒着受伤的风险去训练。

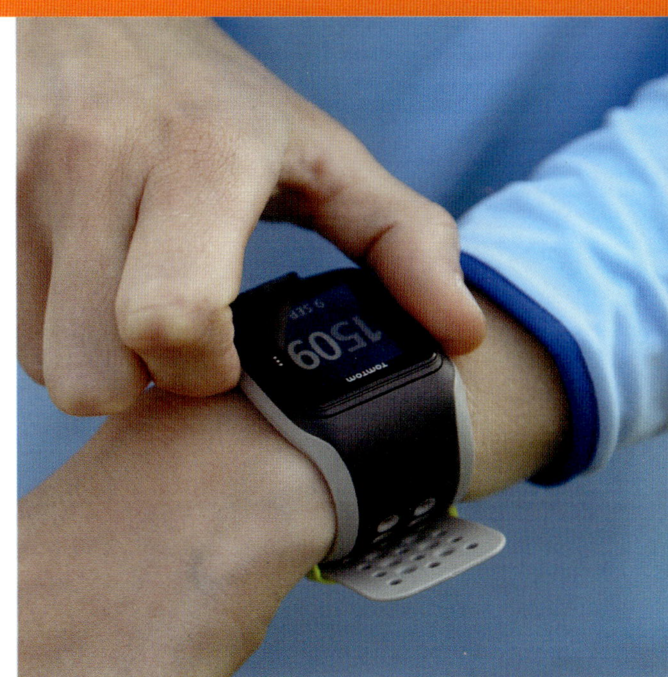

选择适合自己的：健身追踪器有各种各样的功能，也能够带来各种额外的益处，具体就看你打算花多少钱了。

性价比

不管跑步App和健身追踪器多么智能，对于现代跑者来说它们也并非不可或缺的。在过去的数千年里，人类对完美的跑步方式并不陌生。虽然数字时代给分析跑步能力带来了新方法，但即便没有这些方法，我们也知道如何记录自己的训练情况。

如果你认为跑步App或健身追踪器对你有激励作用，或者能够帮助你记录自己的训练进展，那就认真去选一选，找出对自己来说性价比最高的装备。你甚至可能发现，一个免费的智能手机App就能满足你所有的需求。不管你在这些技术和装备上花费多少金钱（当然你也可以一分钱不花），都要记住一点：任何技术和装备都不可能让你一夜之间变成更优秀的跑者，真正的进步需要时间投入，需要持之以恒，也需要科学的训练。

避免分散注意力

不管你的跑步装备有多少炫酷的功能，都不要让它“偷走”你的注意力，你关注的焦点始终应该是训练本身。如果你在跑步过程中不时捣鼓自己的装备，那你在训练时就不可能有最佳的表现。

有些跑步装备还会让你忽视周围的环境。有些活动能够帮助你放松，让你进入游离状态，比如听音乐，但你依然需要时刻注意自身的安全：

- 如果你在跑步时听音乐，记得把音量调低，确保你能听到周边交通状况中的各种声音。
- 在跑步时尽量避免经常查看手机或跑步装备，也要避免在跑步时阅读各种信息，特别是在崎岖不平的路上跑步时，只要一脚踩空或不小心摔上一跤，就有可能受伤。

开始跑步

我的训练理论很简单。在开始跑步之前，希望能记住三个与心肺功能训练有关的要点，我把它们称为三原则：先有连贯性，后有灵活性；不要过度训练；要知道持续时间比距离更重要。如果你能把这三个常识性的概念融入自己的训练计划中，那你就能像奥运会选手一样训练自己了。

先有连贯性，后有灵活性

连贯性是长跑成功的关键。如果你为自己设定的跑步目标始终都是合理的、可实现的、渐进的，那到底投入多大的精力以及到底跑多长时间、多长的距离就会变得越来越不重要。换句话说，只要你能坚持不懈，一贯地跑下去，每次都严格遵循既定的计划就不是那么重要了。只要坚持跑，慢慢地你就会找到最适合自己的节奏，你就能在不影响自己健身大计的情况下，自由地选择什么时候轻松地跑、什么时候给自己一些挑战，自由地选择哪天让自己放松下，哪天对自己狠一点。

不要过度训练

就提高身体素质而言，轻松跑发挥着巨大的作用，这可能与你之前的认知不太一样。事实上，的确有很多人错误地认为锻炼的强度越大效果越好，但成功的教练和跑者都很清楚：以基础体能训练为目的的跑步就应该保持一个相对轻松的节奏，也就是能够边跑边跟朋友轻松交谈的配速。最近的研究报告也证实了这一点。

虽然说心肺功能训练并不要求你边跑步边聊天，但你应该做到迈出每一步时都能够自由呼吸，不至于跑得上气不接下气。如果你在跑步时没法做到轻松交谈，或者每隔一会儿就必须停下来做几次深呼吸，那就说明你跑得太快了。我们都会有挑战自身极限的念头，这也是很多入门跑者会跳的坑。他们一开始就跑得太狠、太快，把自己搞得筋疲力尽，然后就说自己根本不适合跑步。其实，他们真没必要这样。

还有另外一种更好的训练方式。我们每个人都知道如何在一段较长时间的路途中均匀地、有效地分配自己的精力，因为这是我们的本能。每个人都知道自身的承受能力，知道什么适合自己，什么不适合自己。这种被称为“体感强度”的本能是需要被强化的。一旦适应了这种强度，你就会知道训练时不应该刻意模仿专业运动员的爆发力。对于你来说，这种爆发力的持续时间通常不会超过3分钟，因为你与专业运动员不一样，他们可不是在训练，而是在竞争、在比赛。

只是时间问题

在启动你的跑步计划时，一定要记住，你用脚步丈量大地的持续时间远比你跑完的距离重要。（距离的重要性只能排在第二位，除非你训练的目的是为了完成特定长度的比赛。）只要把持续时间放在第一位而不是距离，就不太会出现训练过度或筋疲力尽的情况。举例来说，如果你的计划是跑1.6公里，很可能会因为急于跑完这段距离而跑得太快，或者前半程就把自己累得不行了，结果后半程只能靠走来完成。相反，你可以把计划改成慢跑10分钟，这样跑起来就轻松多了。为了能跑得舒服，你需要对跑步时的心肺负荷有一定的了解。

体感强度

你可能听说过“体感强度（RPE）量表”，也叫运动自觉量表。这是确定锻炼时心血管系统工作强度的一种方法，而且是最迅速、最便捷的方法。运动的强度用数字1～10表示，事实上大部分人都可以比较精准地推测出自己的运动强度。1～5级代表非运动心率——也就是说运动时你还可以轻松地交谈、说话甚至唱歌。8～10级则代表用力过猛、训练过度了：8级代表勉强能够交谈；9级代表几乎不可能交谈；10级则代表完全不可能交谈。你的目标是把运动强度控制在6～7级：6级代表呼吸略显急促，但说话还不是问题；7级代表呼吸更加急促，你可以与人交谈，但你宁愿不说话。

如果你此前一直不爱活动，可以先快走10分钟，在这个过程中，看看自己什么时候开始觉得呼吸略显急促了——你在这个状态下的运动强度就是6级，此时你的心率大概是最大心率（MHR）的60%。每当你觉得自己的体感强度超过6级了，就要让自己慢下来，甚至暂停训练。如果快走10分钟对你来说完全不是问题，那就试着走得更快一些，或者试试慢跑。找到属于你自己的6级运动强度，把它作为运动起步的基点，力求在此基础上进行提升。未来有一天你可以回忆说：“不管你信不信，刚开始的时候，我只能走那么快，只能走那么远。”当你的身体变得更加健康了，你在6级运动强度下就能跑得更快、跑得更远。一旦确定了自己的训练目标，而且也清楚了属于自己的6级运动强度，开始跑步就很容易了。

我的训练理论还有一个很好的地方，那就是你进行的有氧运动类型是可以转换的。也就是说，通过跑步能够达到的某种健身效果，通过骑行、游泳或者在健身房使用有氧器械锻炼也同样能达到这种效果。你只需要选择自己觉得最舒服、最自然的活动类型就好了。你可以先选定一种锻炼方式，等你变得更健康、更强壮的时候，可以同时尝试其他类型的有氧训练，并把后者作为一种补充。这样做不仅能够避免长期单一训练导致的厌倦感，而且还能够抑制运动损伤。

边跑步边聊天的配速：在进行跑步训练时，你应该让自己做到可以边跑步边聊天。如果你做不到，只能说明你跑得太快了。

第一次跑步

不管是跑步还是做任何其他事情，都需要鼓足勇气迈出第一步，光说不练是不行的。第一次跑肯定是最难的，也是你最怕的，但你一定要对自己有信心，要相信自己的身体能够适应这项新的运动。只要你为自己设定的目标是合理的，而且从一开始就能坚持跑下去，你的身体就会逐渐适应这项运动，随后再跑就会比较轻松愉悦了。相信过不了多久，你就会迷上跑步。

设定成功目标

在开启“第一跑”之前，你必须了解一条最基本的训练原则，那就是：如何设定自己的跑步成功目标。这个原则与年龄、性别或者能力水平都没有关系。我大学时的跑步教练——也是我的导师——罗伯特·杰根盖克（Robert Giegengack，我叫他“杰格”）对我说过：“你设定的训练和比赛目标必须是合理的、可实现的、渐进的。”这句话成了我在整个跑步职业生涯中奉行的准则。通过将三个简单的概念融入我为自己设定的每一个目标，杰格教会了我如何成为自己的教练，现在，我想把这个知识传递给你。

合理的、可实现的、渐进的目标

在为自己的“第一跑”设定合理目标时，不要担心速度和形式，时间才是最重要的。你的目标应该很简单，那就是在自己觉得舒服的情况下慢跑，能跑多长时间就跑多长时间。记住，一开始千万别给自己压力，跑多慢都没关系，如果觉得有必要，走一会儿也没问题。

给自己设定一个显然可以实现的目标，所谓可实现，就是说你很清楚自己一定能完成这个目标。比如说，在6级体感强度下慢跑5分钟。跑完5分钟后如果你觉得一点儿都不累，当然也可以再跑一会儿。别忘了，你是在为自己设定一个基准目标，重点是先实现这个基准目标，然后在此基础上逐渐扩大。点点滴滴的进步会让你变得越来越自信，让你能够坚持自己的跑步计划。在渐进的过程中，慢慢增加跑步的持续时间，每次都比上一次多跑一小会儿。最终你会发现，自己的耐力远远超出了你最初的想象。

设定目标：你给自己设定的目标必须是合理的、可实现的、渐进的。毕竟，你是在为自己设定一个基准，然后在此基础上不断提升。

长期目标

除了设定合理的、可实现的、渐进的日常跑步目标，还应该有一个长期目标。这个长期目标可能是减掉多少体重、让自己感觉更好或者让自己变得更加健美。不过，有一点你要记住，不要太执着于实现这个长期目标，不要让它对那些渐进的小目标造成干扰。对于任何新人来说，设定这样一个长期目标是比较合理的：能够持续跑步30分钟，每周跑3次。这个目标现在听起来可能很难实现，但只要你能够持续为自己设定合理的、可实现的、渐进的小目标，总有一天你能做到。至于这个过程需要多久，顺其自然就好了。

“两周两月”法则

如果你是跑步新手，一开始你的身体可能会感觉怪怪的，因为它还不适应这项运动。这是很正常的，因为你的身体和它的肌肉记忆已经“忘记了”跑步应该是一种什么样的感觉。即便是奥运会选手，休假回来重新跑步也会觉得有点儿别扭。必须给自己的身体一定的时间，让它慢慢适应这项运动，这个适应阶段通常会持续两周左右。

不积小流，无以成江海：要实现长期目标，比如每周3次连续跑步30分钟，得先从设定小目标开始。

这个适应阶段事实上涉及体内神经模式的形成，这种模式被称为“肌肉记忆”。实际上，你是在训练自己的肌肉去“记住”跑步这种运动。跑得越多，对肌肉“记忆”的训练效果就越好，跑的时候你的身体感觉就越自然。

经过两个月后，你的肌肉记忆对跑步的适应性已经足够好了，事实上，它已经准备好迎接新的挑战了，也就是说你开始取得进步了。我把这种适应阶段称为“两周两月”法则：两周的时间适应一种新的活动或运动，然后用两个月的时间为进步或提升做好准备。

目标设定建议

每个人都会有心情不好或者身体不适的日子，也都会有心情舒畅、身体很棒的日子，所以每次设定目标时都要参考当时的感觉，无论是心理上的还是身体上的感觉都要考虑到。

最好就在出去跑步之前设定一个清晰的、可实现的目标。不要在周二早晨设定周三的目标，毕竟你无法预料到自己第二天会是怎样的感觉。

要学会灵活变通。在跑步这件事上，永远不要强迫自己打无准备之仗。即便已经开始跑了，也要不断评估所面临的状况，最好每隔五分钟就设定一次目标。

在跑步过程中决定是否要挑战自己的极限或者是否需要停下来，如果感觉很好，可以尝试每次多跑五分钟。你只需向着每周跑3次、每次连续跑30分钟的目标稳步迈进，至于多久才能实现这个目标倒不是特别重要。

加入跑群的好处

从很多方面来说，加入一个跑群都能够给你带来诸多好处，而且越早加入越好。如果你认识的某个人也喜欢跑步，而且很有耐心，那就请他或她和你一起跑吧。最起码，跑群或者一起跑步的小伙伴能够给你鼓励，也能从心理上给你支持，作为团队的一分子，你肯定不希望让他们失望吧。对于女性跑者来说，加入跑群也会让你的人身安全更有保障。

和大家一起边跑边聊

边跑边聊的配速对于心血管来说是最佳节奏。此外，边跑边聊也会让你进入一种“游离”状态（我们在后面还会谈到这种状态），也就是说你会觉得自己正身处另外一个地方。如果你跑得很轻松，就比较容易进入“游离”状态，你会想象自己正在另外的某个地方，周围是另外一幅景象，这是一种非常放松的感觉，你会觉得时间过得很快。

最佳跑步伙伴

你要找的最佳跑步伙伴应该是一个能力和你差不多或者略微比你强的人。无论是从身体上还是情感上，与和自己能力不相上下的人一起跑步对你都大有帮助，但就最佳跑步伙伴而言，耐心才是第一位的。对方必须明白进步是需要时间的，也得清楚训练不可能一帆风顺，人的身体和心理都会有起起落落。当你不在状态的时候，好的跑步伙伴能够看出来，并且愿意等你慢慢恢复。

心情不好的时候，你们可以相互鼓励、相互支持，你们甚至会发现，事实上可以找到共同的节奏，彼此帮扶，一起奔跑。跑得慢的人要努力跟上前面人的节奏，前面的人可以做领跑的“兔子”，带动后面的人加快步伐。

如果无法马上找到合适的伙伴，也不要着急。两个人能成为彼此的跑步伙伴靠的是缘分，一群人能进入同一个跑群也是如此，只要拿出一定的时间和精力，你一定能够找到自己的小伙伴。开始的时候，可以先去跑步装备专卖店、健身俱乐部、体育馆或者社区中心寻觅一番。

如果我非常害羞或者跑得太慢怎么办?

通常来说，喜欢跑步的人都非常乐意接纳新伙伴，所以加入跑群时不要觉得胆怯，也不要担心低人一等。由短裤、短袖和跑鞋组成的“制服”能够带给大家人人平等的感觉。我还从没见过有人把受教育程度、财务状况、社会地位或者穿衣打扮作为是否能够加入跑群的评判标准。

这不是一场比赛：首先，你的跑步伙伴应该对你有耐心。简而言之，找一个有耐心的伙伴，如果对方没有耐心，那就重新找一个。

绕圈跑：停下来没什么好丢人的。如果你觉得自己跑得足够久了，那你随时可以停下来，而其他人还可以继续奔跑。

通过绕圈跑迈向成功

我们每个人都是不同的，所以当一群人一起跑步时，最好选择一处可以绕圈跑的场地，而不是跑一个大的环线或者从A到B这样的路线。在跑圈的时候，速度并不重要，水平高的人可以多跑几圈。只要达到了自己当天的极限，任何人都可以随时停下来。我把这个极限称为你的“能量商”，也就是你在那一天的锻炼量已经足够的那个点。虽然你是在与其他人一起锻炼，但你依然能够按照自己的水平奔跑，这就是绕圈跑的好处。只要你觉得自己跑得足够久了，那你随时可以停下来，而你的小伙伴们还可以继续奔跑。一个健康的跑群会非常清楚一点：跑步并不等于比赛。按照自己熟悉的路线奔跑或者绕圈跑就好比读一本好书：一旦沉浸其中，你就会觉得时间过得飞快。当一群人在自己熟悉的场地绕圈跑时，他们根本不需要操心路线问题，这意味着他们可以让自己的思绪自由地飞翔，可以无比放松地自由交谈。在这样的状态下，他们会跑得非常轻松，不知不觉中就完成了当天的训练目标。

技巧与安全

关于跑步入门的基础知识我们都说完了，从设定可实现的目标，到找到适合你的配速，再到找到你的理想跑步伙伴。接下来我会给你一些小建议，也是非常重要的建议，以便帮助你轻松、安全地开启这项新的运动。在正式开始跑步训练之前，一定要认真阅读下面的建议，它们不仅能帮助你实现自己的跑步目标，而且还能帮你把受伤的可能性降至最低。

路线和路面

很多人觉得跑步是一项适合用来冥想的运动，因为它给了你一段私密的时间，让你能够沉浸在自己的思绪中。鉴于此，你应该选择一条自己非常熟悉的跑步路线，这条路线跑起来要感觉很舒服，而且最好不要穿过街道。在一个固定的地方绕圈跑是个不错的选择，你甚至可以选择在附近的跑道上绕圈。由于对周围的环境非常熟悉，你根本不用担心找不到路，也不必想着如何躲开路上的车辆，这意味着你可以肆意放飞自己，让思绪自由（且安全）地翱翔。

理想的路面：试着选择能够吸收部分冲击力的路面，比如草地或者土路，可以不时改变跑步路线和路面类型来防止身体受到伤害。

日复一日在同样的路面上重复同样的跑步动作容易造成运动损伤。为了避免这种情况，可以尝试对自己的跑步路线进行微调，比如选择三条不同的路线，定期换着路线跑；如果你是跑圈，则可以偶尔改变绕圈的方向。一定要记住，绝大部分的损伤都是运动过度造成的。如果你跑步时某些部位有疼痛的感觉，就说明那个地方一定出问题了。如果你选择忽略这种疼痛感，则只会让损伤变得越来越严重。

跑步时是双腿交替跨出，单脚落地，如果是在混凝土路面跑步，脚部会承受巨大的冲击力，所以尝试选择一条表面更加柔软的路线很有必要，比如草地、土路、室内或室外的塑胶跑道等。这些路面有更大的弹性，也就是说，它们本身就能够吸收不少的冲击力。在马路牙子上跑上跑下也会造成骨骼损伤，所以也应该避开这些马路牙子。不管选择怎样的路面和路线，跑步总有可能对身体造成一定的影响，身体会通过疼痛给你发出信号。如果能够及时停下脚步，并给身体足够的恢复时间，小小的磨损就不至于演变成一场危机了。

新手应该知道的跑步技巧和呼吸技巧

其实根本不存在所谓正确的跑步技巧。跑步是一项尽人皆知的运动，凭借直觉和本能，你小时候就知道怎么跑步，所以现在完全不需要担心跑步姿势问题。如果你在跑步时感觉不舒服或者有疼痛

轻松起步：刚开始跑的时候，一定要慢，要轻，而且要在两个跑步日之间留出恰当的休息日，以便让身体有机会完全恢复。

感，那就说明你的身体不喜欢这种跑步姿势。你自己觉得最舒服的跑步姿势就是正确的跑步姿势。

至于呼吸，也是常识问题。忘掉你读到或听到的所谓呼吸技巧吧，你从出生到现在一直都在呼吸，没有人比你更清楚你应该怎么呼吸。只要能以最高效的方式把氧气吸进肺里，那就是最适合你的呼吸技巧。

一定要给身体留足恢复时间

很多跑者都会犯同一个错误，那就是跑得太多、跑得太快。在最初的两周里，你的心血管系统必须先适应这项新的运动，或者说已遗忘很久的运动，让身体适应它带来的各种压力。开始的时候放慢节奏非常重要，而且要给身体留足恢复时间，让身体能够重塑受到磨损的肌肉和组织。作为一名跑步新手，你要记住一个经验法则：每跑一天就停一天，换句话说，就是跑一天休息一天。在最初的一段时间里，你需要的恢复时间可能比较长，而且这种跑一天休息一天的节奏也要持续较长一段时间。但随着时间的流逝，你的身体会恢复得越来越快，效率也会越来越高。

跑步新手训练计划

现在，所有的跑步基础知识你都已经了解了，是时候开启你的训练计划了。在这个阶段，最重要的是立足当前的身体状况，循序渐进地进行训练，事实上，在你整个跑步生涯中，这一点都非常重要。始终选择可以边跑步边聊天的配速，给自己留出足够多的休息时间。在这个阶段，要基于持续时间设定合理的、可实现的、渐进的目标，而不是距离。下面的这个训练计划仅仅是一个指导方针，并不是必须严格遵循的公式，所以仅供参考。

第1～4周：先从小跑开始，确保设定的目标是你能够完成的。然后慢慢延长跑步的持续时间，以自己感觉舒服为准。在最初的两周里，要记住“两周两月”法则，你可能需要两周的时间才能适应跑步这项运动。

第5～8周：在这段时间里，你应该稳步推进自己的训练计划。跑起来应该感觉更舒服一些了，而且很可能已经找到了跑步的快感。依据“两周两月”法则，经过8周（大约是两个月）后，你的身体应该已经做好了准备，可以迎接下一个级别的挑战了。

周		
第1周	第1天 慢跑 10～15分钟	第2天 休息
第2周	第8天 慢跑 12～17分钟	第9天 休息
第3周	第15天 慢跑 14～19分钟	第16天 休息
第4周	第22天 慢跑 16～21分钟	第23天 休息
第5周	第29天 慢跑 18～23分钟	第30天 休息
第6周	第36天 慢跑 20～25分钟	第37天 休息
第7周	第43天 慢跑 22～27分钟	第44天 休息
第8周	第50天 慢跑 25～30分钟	第51天 休息

□ 休息日

■ 跑步日

第3天	第4天	第5天	第6天	第7天	合计
慢跑 10~15分钟	休息	慢跑 10~15分钟	休息	休息	30~45分钟

第10天	第11天	第12天	第13天	第14天	合计
慢跑 12~17分钟	休息	慢跑 12~17分钟	休息	休息	36~51分钟

第17天	第18天	第19天	第20天	第21天	合计
慢跑 14~19分钟	休息	慢跑 14~19分钟	休息	休息	42~57分钟

第24天	第25天	第26天	第27天	第28天	合计
慢跑 16~21分钟	休息	慢跑 16~21分钟	休息	休息	48~63分钟

第31天	第32天	第33天	第34天	第35天	合计
慢跑 18~23分钟	休息	慢跑 18~23分钟	休息	休息	54~69分钟

第38天	第39天	第40天	第41天	第42天	合计
慢跑 20~25分钟	休息	慢跑 20~25分钟	休息	休息	60~75分钟

第45天	第46天	第47天	第48天	第49天	合计
慢跑 22~27分钟	休息	慢跑 22~27分钟	休息	休息	66~81分钟

第52天	第53天	第54天	第55天	第56天	合计
慢跑 25~30分钟	休息	慢跑 25~30分钟	休息	休息	75~90分钟

第二章
热身和力量训练

有人说，热身和力量训练就是浪费宝贵的跑步时间和自己的精力，千万别相信这种说法。要想获得完整的、均衡的健康状况，这些都是不能缺少的要素，只有把热身、力量训练和跑步结合起来，才能获得最佳的跑步效果，才能一路跑向巅峰。热身和力量训练不应该是一个痛苦的过程，热身或伸展运动都不能对身体造成伤害，不要尝试任何会对身体造成伤害的伸展运动和拉伸动作。

热身

如果你早晨起床后感觉身体比较僵硬，那你肯定知道运动前进行热身是多么必要了。突然对身体提出更高的要求通常会带来不那么令人愉快的后果，比如肌肉僵硬、痉挛，甚至损伤。运动前的热身能够让更多的血液流向参与运动的肌肉群，真真切切地让它们变得更热、更柔软，从而让你的身体能够逐渐适应剧烈运动带来的压力。

我的热身方法

冷而僵硬的肌肉特别容易出现劳损和拉伤，所以热身对于任何形式的锻炼来说都是非常必要的。热身是预防运动损伤的最佳方式，所以每次运动前都要留出时间来做热身。但有一点要记住，切勿在热身之前做伸展运动（静态拉伸），因为这会造成冰冷的肌肉撕裂，从而造成损伤。最理想的热身和肌肉拉伸方式就是快走或慢跑，而且动作幅度一定要小，这种拉伸方式称为动态拉伸。保持这个配速，然后慢慢加速，5～10分钟后加到你的训练配速。不过，无论是从常识角度还是从生理机能角度考虑，热身的时间都可以更长，你完全可以跟着自己的感觉走。

热身时的配速应该比可以聊天的配速慢20%左右，换句话说，也就是6级体感强度，你会有那么一点点的疲惫感。此时你的心率应该是最大心率的40%，你会感觉到呼吸略显急促，刚刚进入有点喘不过气来的状态。把快走或慢跑作为热身和拉伸动作，然后进入真正的跑步状态，这种过渡无疑是最自然的。

每次锻炼后都要做拉伸，但绝不能在热身前做肌肉拉伸。如果你觉得在跑步训练前必须要做拉伸，那就先慢跑5～10分钟，然后才能拉伸。

切记，速度并不重要，重要的是你热身时的运动强度。如果作为热身的快走或慢跑已经让你感觉到血液循环加速、心跳加快，那就说明你的速度已经足够快了；如果直觉告诉你还可以再快一点，那就说明你的热身是有效的。

热身公式

有一个公式可以用来确定理想的热身状态，那就是最大心率的40%。计算公式如下：

最大心率=220-年龄

热身心率=最大心率×0.4

人体

让我们参照下面两幅图，熟悉人体的解剖学结构，了解人的肌肉、肌腱和骨骼之间千丝万缕的联系吧。

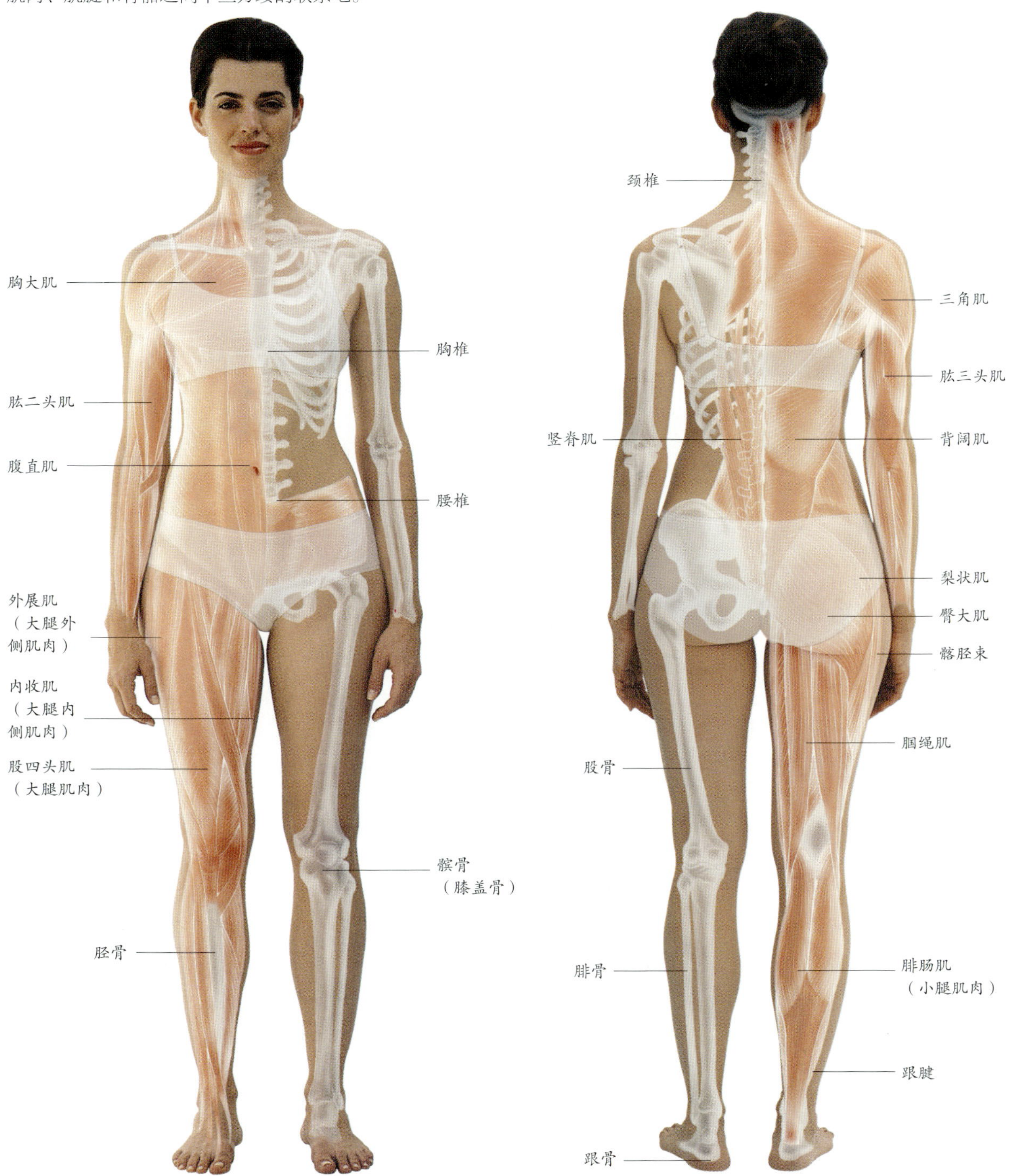

跑后放松

跑步后的放松也叫整理活动，是一个非常重要的环节。它可以帮助你排出运动过程中产生的乳酸，让你的心率慢慢恢复到静息心率，同时帮助身体恢复到静息平衡状态。放松活动的持续时间完全由你自己决定，但不能少于3分钟。无论是进行日常的训练还是参加比赛，跑完后我都会至少慢跑3分钟，让自己的身体慢慢恢复常态。

新手的跑后放松

对于新手来说，跑完后慢跑或溜达3～5分钟就足以让身体放松了。这个过程能让你的心率慢慢恢复到正常的静息心率。如果你一直保持可以聊天的配速，就说明你在跑步过程中始终处于有氧运动状态，而没有进入无氧运动，所以你的体内并不会出现乳酸堆积，因此跑完后的散步或者慢跑倒不是那么重要，不过，形成一个好习惯总没什么坏处。

慢跑后的放松

如果你是中级或高级水平的跑者，而且刚刚完成一次轻松的慢跑，那么以上指导原则对你也是适用的。在上述两种情况下，你的训练都是在有氧运动范畴内，所以体内不会堆积剧烈运动产生的有毒副产品。在这种情况下，放松的目的仅仅是让身体轻松恢复到正常状态。

高强度跑步后的放松

训练的强度越大，你就越需要彻底放松。所谓高强度训练，包括长时间跑步（超过90分钟）、间歇训练、上坡跑训练和正规的跑步比赛等。这些训练都会在一定程度上涉及无氧运动，所以完成后必须进行彻底的放松，你至少要慢跑10分钟。无氧运动状态下的训练意味着肌肉肯定会产生乳酸、自由基等有毒物质，这些物质都会造成肌肉酸痛。

为了预防肌肉酸痛，在高强度锻炼后必须做放松活动，以促使这些运动副产品排出体外。如果忽略了这一点，极有可能出现你不愿意看到的后果，可能是肌肉劳损，也可能是肌肉僵硬，而且还可能造成延迟性肌肉酸痛（DOMS），这些状况通常会在剧烈运动后的第二天出现。

放松活动小贴士

你可能觉得好像应该尽快找到放松的节奏，不过慢慢停下来才是关键所在。你自己感觉最舒服的放松节奏对你来说就是最理想的。如果你一定要一个更具体的计算方式，可以借鉴前面的热身公式来确定放松活动的起点，开始放松后要慢慢地放慢你的配速。完成放松性慢跑或者溜达后，可以接着做下面要介绍的这些拉伸动作，至于顺序倒不是那么重要，按照你自己喜欢的顺序做就好了。

跑后放松：每次跑完步后都要继续慢跑至少3分钟。如果刚进行过高强度锻炼或者刚完成一场比赛，至少要慢跑10分钟。

腘绳肌和小腿拉伸

为了避免运动损伤，并让自己跑出最佳状态，很有必要让双腿后部的肌肉和肌腱保持一定的灵活性。下面的拉伸动作就是针对这个区域的，旨在把腘绳肌、小腿肌肉和相邻的跟腱拉长。这个拉伸动作能够强化肌肉的柔韧性、增加腿部的活动度，进而让你跑得更加顺畅。

1 坐姿，双腿伸直绷紧，与躯干呈90度。双臂自然放松，放在大腿上。

2 上身前倾的同时，保持背部挺直，提升躯干，感觉大腿后侧腘绳肌的拉伸效果。双臂前伸，握住双脚前脚掌的底部，如果够不到，可以稍微弯曲膝盖。此时你不仅能感受到腘绳肌的拉伸效果，还能感受到小腿后侧的肌肉也绷紧了。（挑战动作：尝试在握住双脚前脚掌底部的同时保持双腿伸直。）保持这个姿势5~10秒，然后放松。重复两次。

髋部、背部和身体两侧的肌肉拉伸

这个拉伸动作能够非常有效地预防腹股沟拉伤，防止身体两侧和髋部、背部的肌肉变得非常僵硬。此外，这个动作还能放松紧绷的腹肌，防止身体出现痉挛，有些跑者偶尔会遇到这种情况。

1 坐在瑜伽垫上，双腿分别向两边叉开。用双手缓缓把右腿拉向自己的身体，同时左腿保持伸直。

2 身体转向左侧，双手沿着伸直的左腿下滑，尽最大可能去够自己的脚踝。让自己的胸部和躯干尽量靠近伸直的左腿，感受髋部、背部、躯干右侧和左腿大腿内侧的拉伸效果。保持这个姿势5～10秒，然后放松。换腿，每侧重复两次。

髋部拉伸：动作1

跑步可能会让髋部的肌肉和梨状肌变得比较僵硬，梨状肌是位于臀部深处的一块肌肉，一旦出现红肿，就会对腰部的坐骨神经造成压力，结果就是背部疼痛。缓解这种疼痛和放松周围肌肉最有效的方式就是下面的这个拉伸动作。

1 坐姿，背部挺直，双腿往前伸直绷紧。弯曲右腿，保持上身挺直，用双手抱着右腿越过左腿的大腿，放到左腿膝盖的外侧。

2 保持下半身姿势不变，将上半身转向右侧。右手在背后撑地保持身体平衡，左手的肘部尽量贴紧右腿膝盖的外侧，以便最大程度拉伸右侧的梨状肌。保持这个姿势5～10秒，然后稍事休息。换腿，每侧重复两次。

髋部拉伸：动作2

跑者经常会完全忽略髋部拉伸的重要性，因为梨状肌在绷紧之前毫无早期症状。这个动作比上一个动作的拉伸效果更强，但只能在完成上一个动作后才能进行这个拉伸动作，而不是用这个动作取代上一个动作。这些拉伸能够防止梨状肌缩短或变得非常僵硬。

1 仰卧在瑜伽垫上，膝盖弯曲。抬起右腿，把右腿脚踝的外侧放在左腿的膝盖上。

2 用双手从后面抱住左腿的大腿，把左腿拉向躯干。此时，你的双腿应该都已经离地了。这一系列的动作能够拉伸你的臀部、腰部和髋部。保持这个姿势5～10秒，然后稍事休息。换腿，每侧重复两次。

侧卧股四头肌拉伸

这个深度拉伸动作针对的是位于大腿上部前面的股四头肌。跑步在很大程度上是靠股四头肌驱动身体前行的。因此，非常有必要对这个区域进行有效拉伸，以便排出肌肉中积存的有毒物质，比如乳酸和自由基，这些有毒物质可能会导致肌肉酸痛。

1 侧卧，两腿平行，一上一下。用左侧的胳膊肘撑起自己的身体；右手手掌着地放在身体前方，以保持身体平衡。尽量把身体拉直。

2 右手握住右脚的脚背，把右腿拉向身体的后侧，让右脚尽量贴近身体，小腿贴紧腘绳肌，迫使右髋部略微前倾，你应该能感受到对右侧大腿前方的强烈拉伸效果。保持这个姿势5～10秒，然后放松。换腿，每条腿重复两次。

迫使髋部略微前倾

感受这里的拉伸效果

站姿小腿肌肉拉伸

这个动作能够非常有效地拉伸跟腱和腓肠肌（小腿背面的肌肉）。腓肠肌是人体内最强健的肌肉之一，跑者经常会被这个区域的肌肉劳损所困扰。这个动作对你的足弓也有拉伸效果，要知道，很多人都会忽略对足弓的拉伸。

1 面向墙壁，在距离墙壁大约30厘米的地方站直。向前伸出右腿，用前脚掌的背面抵住墙壁。

2 上身前倾，用右脚前脚掌的背面承受来自身体的压力。把体重压向墙壁，借助后面的脚增强拉伸效果。确保做这个动作时身体不要后仰。你应该能感受到对右腿小腿肌肉的强烈拉伸效果。保持这个姿势5~10秒，然后放松。换腿，每条腿重复两次这个动作。

借助后面的脚让身体前倾

感受这里的拉伸效果

肱三头肌拉伸

不要忽略拉伸上半身的重要性，因为很多跑者都会把这个区域绷得很紧，但他们自己对此一无所知。如果你既跑步又做力量训练，对相应的肌肉进行拉伸就更重要了。下面这个动作是用来拉伸肱三头肌的，肱三头肌位于上臂后面。

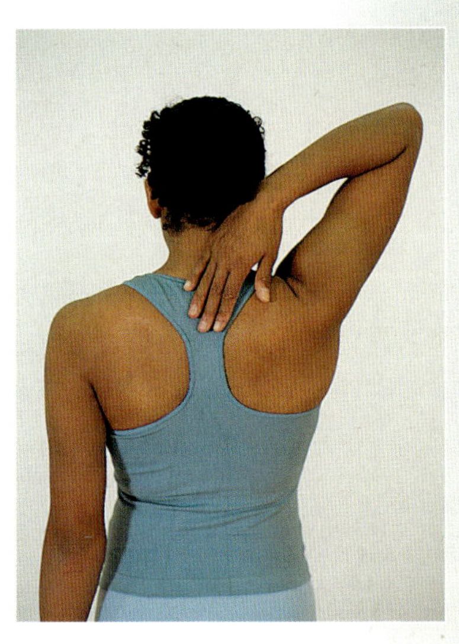

1 把右手举过头顶，尝试用手掌触摸两块肩胛骨中间的位置。

用另一只手拉住

感受这里的拉伸效果

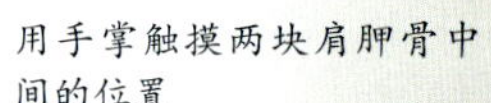

用手掌触摸两块肩胛骨中间的位置

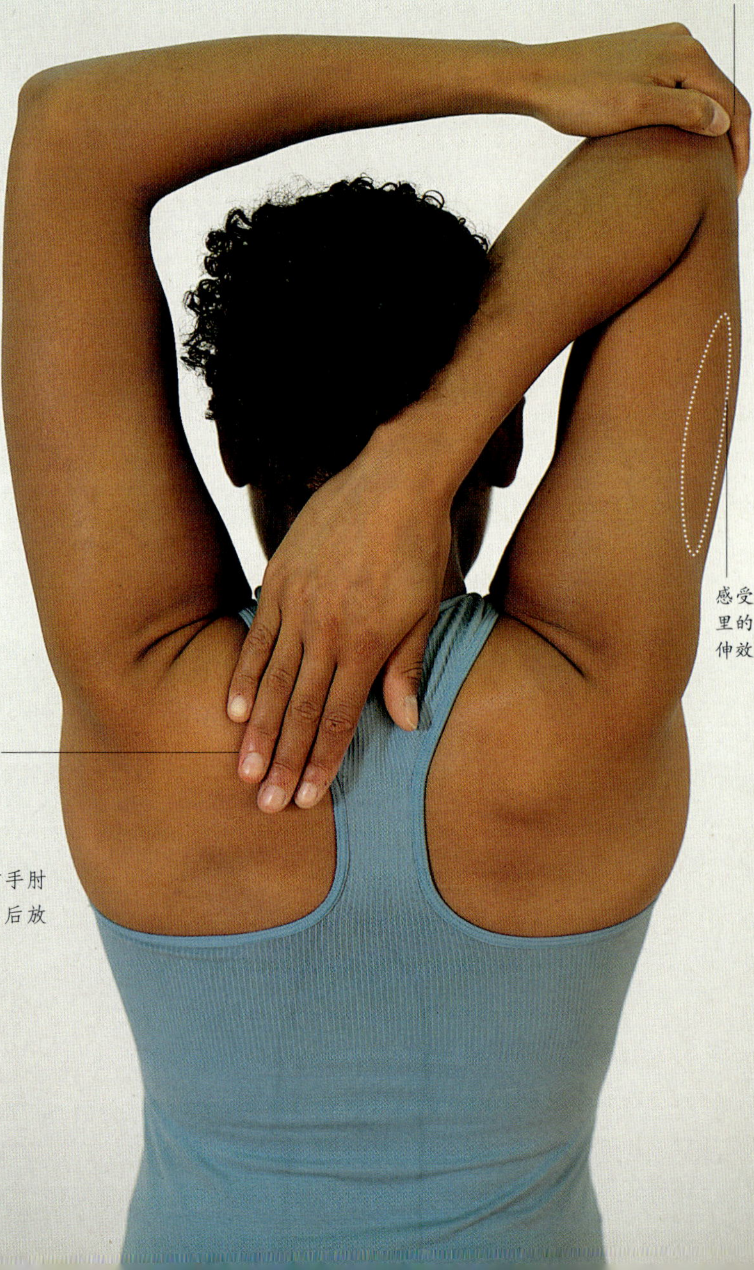

2 左手越过头顶，握住右手肘，然后把右手肘往下按压。保持这个姿势5~10秒，然后放松。换胳膊，每侧重复两次。

背部拉伸

这个动作有助于放松竖脊肌，也就是位于脊柱两侧、在背部从头贯穿到尾的三组肌肉。此外，这个动作对放松腰部也很有帮助。如果你这个区域的肌肉比较紧张，建议你每天做做这个拉伸动作，用它替换背部的伸展动作，因为后者虽然能够强化背部的力量，但有可能让背部绷得更紧。

1 仰卧，弯曲膝盖，抬起双腿，让大腿和小腿呈90度。双臂自然地放在身体两侧，腰部放平，尽量让脊柱贴紧瑜伽垫。

2 双手绕到膝盖后面抱住大腿，把大腿拉向胸部。让背部陷到瑜伽垫里。保持这个姿势20～30秒，然后放松。重复两次。放开双腿，让它们慢慢地落到地面上。

力量训练

不管你是什么年龄的跑者，把力量训练和跑步结合起来都非常必要。力量训练的动作也不需要特别复杂，它和跑步一样，坚持远比完美重要。我建议先从接下来要介绍的8个动作开始进行力量训练，没有特定的顺序要求，按照你自己喜欢的顺序做就好了。在训练日之间给自己留出充足的休息时间。

为什么要进行力量训练

绝大部分顶级的长跑选手都会在自己的训练计划中加入力量训练，这是因为强大的肌肉力量能够让他们在比赛中获得竞争优势，尤其是下肢肌肉力量的增加。换句话说，强大的肌肉力量能够让他们在最后的400米冲刺阶段跑得更快一些，同时能够将肌肉出现疲劳感的时间延后。要知道，当肌肉感到疲劳时，跑者很容易就会进入无氧运动状态。力量训练带来的这些益处具有普适性，无论是跑步新手还是职业的跑步选手，都可以借助力量训练让自己成为更出色的跑者。

力量训练的益处

举重训练是让你的跑步计划趋于完美的理想选择。这种训练能带来诸多好处，比如：

- 造就更有吸引力的好身材；
- 加快基础代谢率；
- 提升基础跑的配速；
- 减缓肌肉随着年龄增长开始萎缩的进程；
- 通过强化关节周围的肌肉和平衡肌肉比率防止损伤；
- 塑造良好的体态，延长肌肉的寿命。

通过找到平衡避免损伤

力量训练带来的另一个好处与身体平衡有关。跑步和日常活动造成的拉伤可能会影响身体的健康状态，特定对抗肌群的力量对比都有一个相对合理的范畴，比如股四头肌和腘绳肌的力量对比大概是3∶2。只有保持这个比例，才能有效地预防运动损伤，因为这个比例可以防止其中的任何一个肌肉群过多地承受跑步对身体造成的冲击和压力。

力量训练还有助于保持身体两侧的平衡，这个比例大概就是1∶1，保持这个比例同样可以预防运动损伤。其实，身体的平衡不仅能防止出现潜在的损伤，而且能让你看起来更赏心悦目。

永葆好身材

力量训练很快就能给你带来好身材。随着年龄的增长，每个人的肌肉都会开始萎缩，这是事实，即便经常运动的人也是如此。35岁以后，人的肌肉量平均每10年就会减少约1.4千克，这会带来一系列的健康问题，比如基础代谢率的下降和驼背。

不过，告诉你一个好消息，坚持力量训练能

够减缓肌肉萎缩的进程，越早开始力量训练，你的肌肉就会越长寿。此外，力量训练还能给你带来额外的福利，其中就包括良好的体态和清瘦而强健的肌肉。只要长期坚持力量训练，同时坚持通过跑步燃脂，你肯定能练出一个备受瞩目的流线型身材。

最适合你的哑铃重量和训练次数

选择重量合适的哑铃和确定训练的次数都非常重要，这不仅取决于你当前的肌肉力量，而且与你想要达到的目标有关。如果你的目的是增加肌肉的力量，让肌肉变得更结实，就要选择轻一些的哑铃，把关注点聚焦到训练次数上。如果你的目的是增大肌肉块，就要选择重一些的哑铃，但训练次数可以相对少一些。

我建议你从8～12次开始。试着做某个动作，如果你可以用60%～80%的最大肌肉力量很标准地用某个重量做到11次，然后用100%的力量标准地做完第12次，但无论如何也无法标准地做到第13次，这个重量就是最适合你增加肌肉力量的重量。如果你的目的是增大肌肉块，也试着做某个动作，如果你可以用60%～80%的最大肌肉力量很标准地用某个重量做到7次，然后用100%的力量标准地做完第8次，但无论如何也无法标准地做到第9次，这个重量就是最适合你的重量。无论出于什么目的，你最终的目标都是完成三组这样的训练，用标准动作完成所需的次数算一组。

你要努力完成三组8～12次的力量训练，两组之间可以留出30秒的恢复时间。刚开始的时候，你需要的恢复时间可能更长一些，比如1～2分钟，这很正常。如果你发现自己已经能够很轻松地完成三组8～12次的训练，就可以增加重量了。

随着年龄的增加，我的整体实力也增加了。虽然我的速度不可能像25岁时那么快，但我的身体更强壮了。我给自己设定了清晰的训练目标，通过坚持训练我也拥有了更强大的力量和更矫健的身姿，所以，我对自己还是挺满意的。

训练频率和努力程度

就力量训练而言，休息日是很必要的。你不能每天都拿肌肉开练。通常来说最好隔一天训练一次，以便让你受损的肌肉具备抗损伤能力。你可以按照自己喜欢的顺序完成下面的8个力量训练动作。

哑铃仰卧推举

这个动作练的是胸大肌和肱三头肌的力量。作为跑步训练的有益补充，仰卧推举针对的是上身的肌肉，旨在强化这些肌肉的力量，塑造完美平衡的上身体形。如果你更倾向于借助杠铃来做仰卧推举，请确保有人在旁边协助你。

1 仰卧在长凳上，屈膝，双脚并拢置于长凳尾部。双手各握住一个哑铃，掌心朝向前方。为胳膊找到合理的位置，确保肘部能够以正确的角度弯曲。后背躺平，紧贴长凳，如果后背弓起，会对腰部造成很大的压力。

2 将双臂从胸部位置缓缓往上举起，直到伸直为止，在举起手臂的过程中确保不要停留。为了让这个动作的效果最大化，在伸展时可以假装你在用上臂挤压一个夹在中间的大球。在推举时呼气，然后在把双臂收回到初始位置时吸气。做1～3组，每组重复同样的动作8～12次。

哑铃单臂弯举

肱二头肌位于上臂前面，这可能是最有名的肌肉了，但奇怪的是，很多人都会忽略对这块肌肉的锻炼。要知道，如果这块肌肉出了问题，你会连个购物袋都拎不动，跑步时甚至都无法摆臂。如果能把这个训练与前面的仰卧推举结合起来，上半身重要肌群的力量就能得到显著的增强了。

1 坐在椅子或长凳边上，双脚开立与肩同宽。上身前倾，把左侧的胳膊肘支在左大腿上，左手扶着右大腿。右手抓住一个哑铃，把胳膊伸直，胳膊的外侧贴近右大腿，以便获得必要的支撑。

2 慢慢抬起右前臂，往里弯曲，感受上臂前端肱二头肌的收缩，然后再慢慢地让右前臂回到原来的位置，完成一次动作。在弯曲和伸展前臂的时候始终收紧腹部。屈臂的时候呼气，伸展的时候吸气。把弯曲和伸展前臂的完整动作重复12次。做1～3组，每组重复同样的动作8～12次。然后换另一侧的手臂同样做1～3组。

深蹲

股四头肌是位于大腿前面的一大块肌肉，它和臀大肌在跑步中都扮演着重要的角色。深蹲训练可以增强这两块肌肉的力量，让你跑得更快、更持久。深蹲还可以拉伸大腿线条，提高臀线，让大腿和臀部变得更结实。如果你希望加大深蹲训练的难度，可以双手各拿一个小哑铃。

双脚开立，
与臀同宽

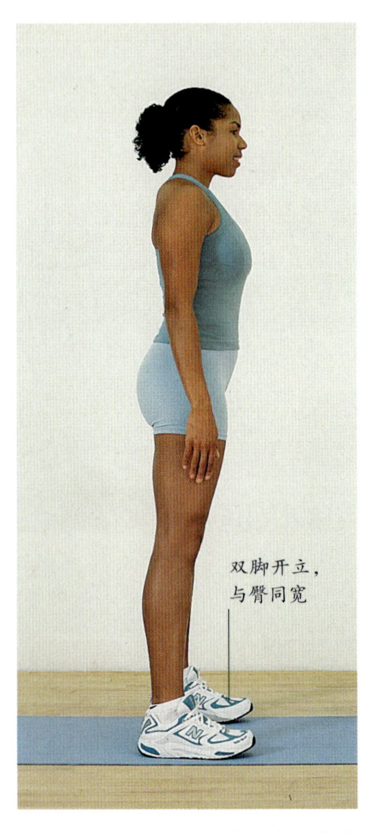

1 双脚开立，与臀同宽，脚趾指向正前方。双臂在体侧自然下垂，收紧腹部，准备深蹲。如果想重点训练臀大肌而不是大腿，可以让脚趾往内侧倾斜。

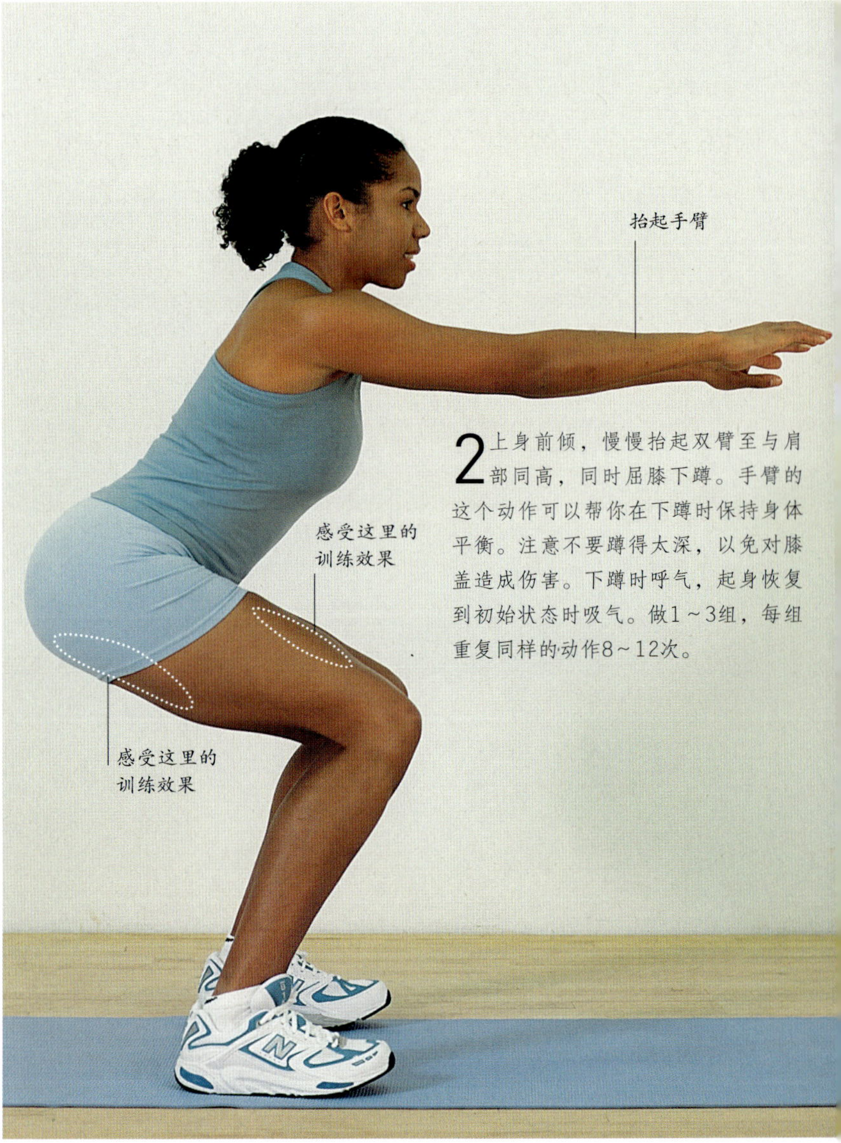

抬起手臂
感受这里的
训练效果
感受这里的
训练效果

2 上身前倾，慢慢抬起双臂至与肩部同高，同时屈膝下蹲。手臂的这个动作可以帮你在下蹲时保持身体平衡。注意不要蹲得太深，以免对膝盖造成伤害。下蹲时呼气，起身恢复到初始状态时吸气。做1～3组，每组重复同样的动作8～12次。

腿部弯举

大腿后面的腘绳肌在跑步中也扮演着重要的角色，特别是在爬坡的时候，腘绳肌能够推动身体上移。与大腿前面的股四头肌相比，对腘绳肌的训练往往不够，两者的比例失调会导致肌肉受损。下面的腿部弯举训练能够纠正这种不平衡状态。如果希望加大训练强度，可以在脚踝处绑上小沙袋。

1 脸朝下跪在地上，用前手臂和膝盖支撑起身体，就好像架起一座桥那样。用肘部支撑上半身，然后缓缓抬起右腿，在稍高于髋部的位置伸直右腿。

2 把右小腿向内朝着臀部方向弯曲，然后再缓缓地伸展，回到初始位置。你可以把这个动作视为下半身的“单臂弯曲”：它利用了同样的受控动作来隔离腘绳肌，使其得到单独训练。你应该能体会到腿部后面的灼热感。做1～3组，每组重复同样的动作8～12次。然后换另一侧再做1～3组。

侧卧举腿：动作1

内收肌指的是大腿内侧的肌肉，它们在预防多种损伤方面发挥着关键作用，比如腹股沟拉伤。由于内收肌很难被单独隔离，所以在力量训练中经常会忽略，这也是这个侧卧单腿动作训练特别有用的原因所在。如果希望加大训练强度，可以在脚踝处绑上小沙袋。

1 右侧卧，右腿伸直，右脚伸展开，左腿跨过身体置于右腿前方，左脚全脚掌着地。

2 依靠脚跟的牵引，尽最大可能抬高右腿，保持3秒，然后慢慢地把右腿放回初始位置。你应该能体会到大腿内侧上面的灼热感。做1～3组，每组重复同样的动作8～12次，然后换另一侧再做1～3组。

侧卧举腿：动作2

大腿外展肌群位于髋部，负责“诱拐”双腿远离躯干。借助下面的髋部训练强化这些肌肉的力量，训练时可以在脚踝处绑上小沙袋，当然也可以不绑。这个侧卧举腿动作训练能让你的燃脂跑步锻炼变得更加完美，它能让髋部的线条变得更加流畅，让髋部和大腿变得更加精瘦、更加矫健。

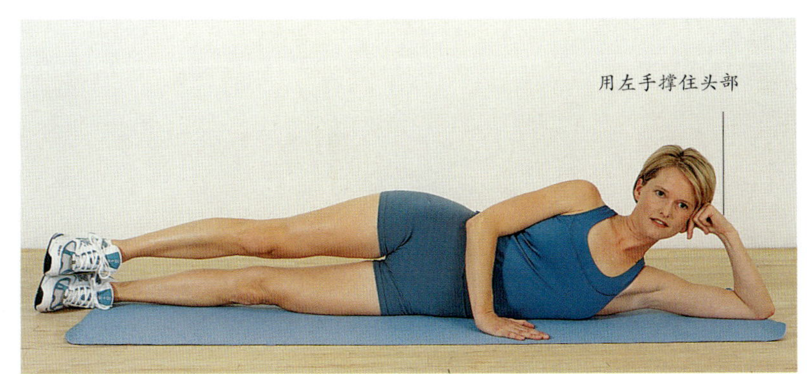

1 左侧卧，把右腿直接叠放在左腿上。右手掌心朝下放在身体前方，支撑身体平衡。用左手撑住头部。

2 慢慢举起你的右腿，停顿3秒，然后慢慢地把右腿放回初始位置，也就是依然叠放在左腿上。你应该能感受到大腿外侧和髋部的训练效果。做1～3组，每组重复同样的动作8～12次。然后换另一侧再做1～3组。

仰卧卷腹

强健的腹肌有助于预防诸多背部问题，同时也能够为直立姿势提供支撑，让你的身材看起来很修长，显得个子更高。下面的这个训练动作能够有效预防腰肌劳损和腹部痉挛，有些人在跑步时偶尔会出现这两种症状。

双脚开立与
髋同宽

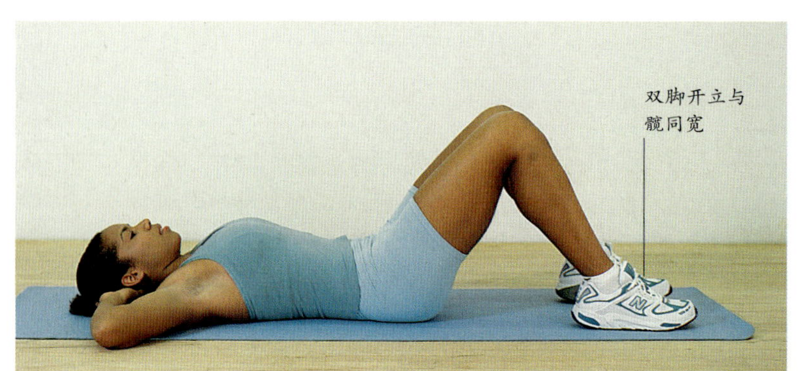

1 躺在瑜伽垫或地毯上，保持屈腿，双脚开立与髋同宽。双手放于脑后，为颈部提供轻微的支撑。胳膊肘尽量向两侧展开，抬起下巴。

2 慢慢抬起上半身，注意不要用胳膊抬起自己的身体。通过收缩腹肌应该就能把躯干抬起来。腰部紧贴瑜伽垫，卷曲腹部的同时呼气。然后慢慢地让身体恢复到仰卧状态，并同时吸气。你的动作幅度要比较小，但腹肌要收得比较紧。做1～3组，每组重复同样的动作15次。

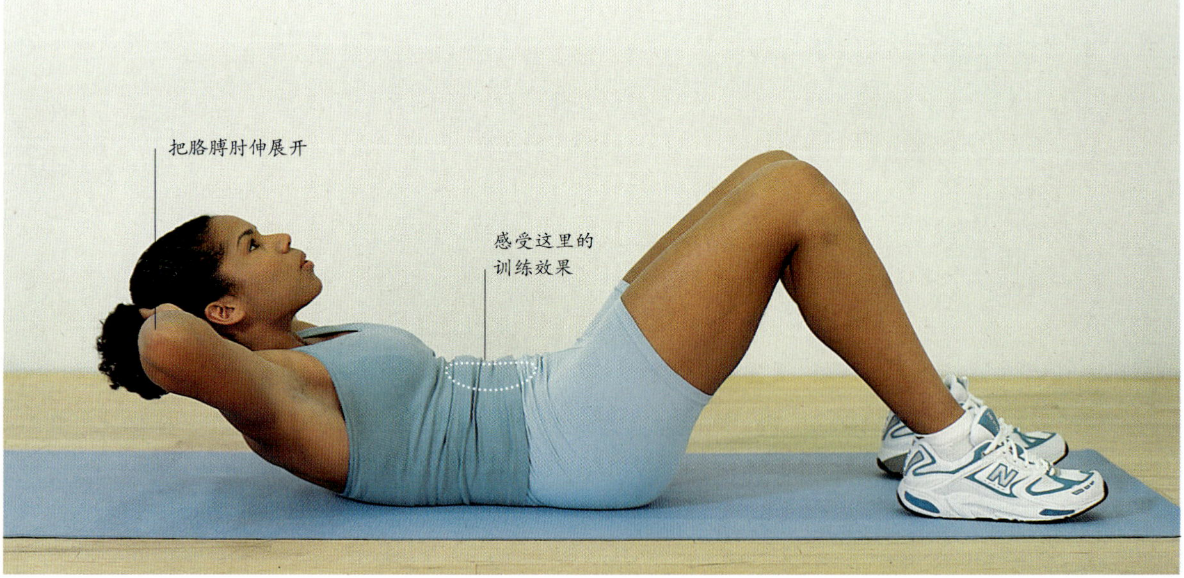
把胳膊肘伸展开
感受这里的
训练效果

俯卧背伸

后背疼是跑者经常遇到的烦恼。第一道防线应该是强化脊柱两侧竖脊肌的力量。俯卧背伸如果与仰卧卷腹一起做的话，就能够对身体的核心肌肉群起到强化作用，从而有效防止背部肌肉出现拉伤。

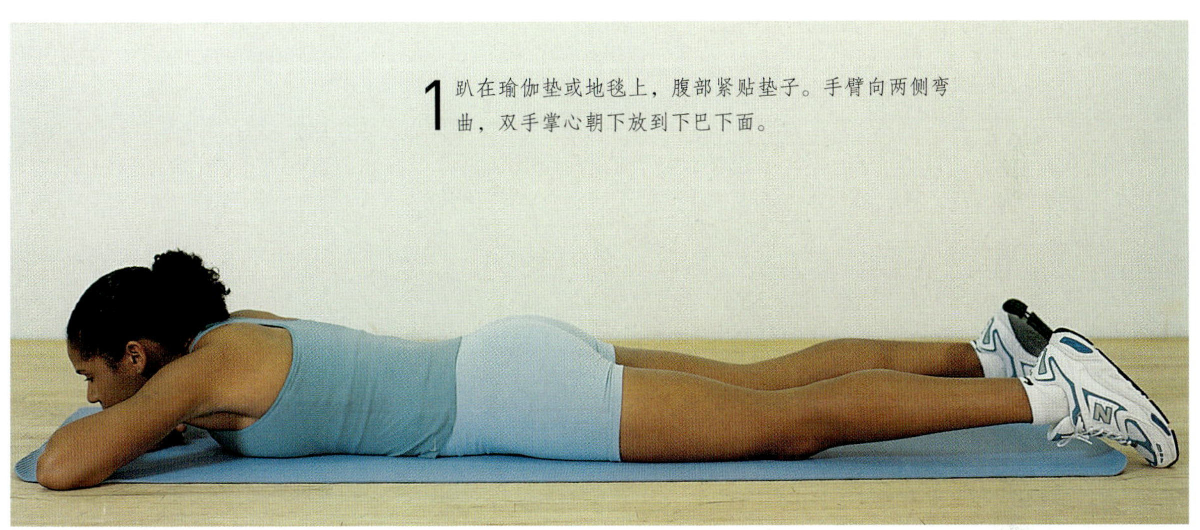

1 趴在瑜伽垫或地毯上，腹部紧贴垫子。手臂向两侧弯曲，双手掌心朝下放到下巴下面。

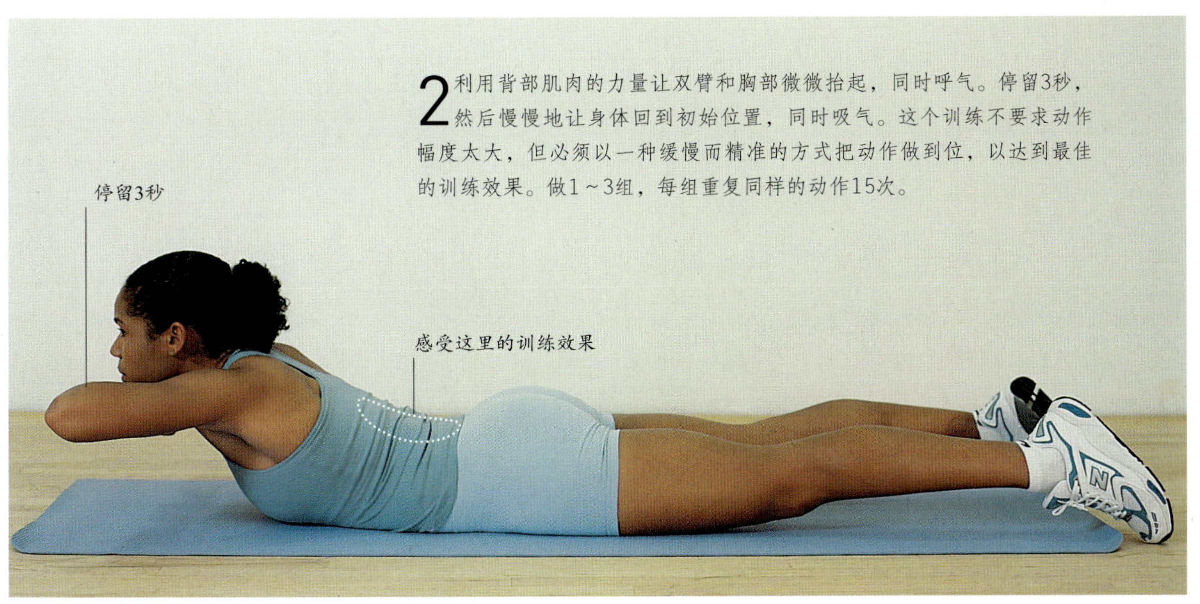

2 利用背部肌肉的力量让双臂和胸部微微抬起，同时呼气。停留3秒，然后慢慢地让身体回到初始位置，同时吸气。这个训练不要求动作幅度太大，但必须以一种缓慢而精准的方式把动作做到位，以达到最佳的训练效果。做1～3组，每组重复同样的动作15次。

热身和拉伸

定期拉伸不仅有助于防止损伤，而且能增强身体的柔韧性。按照你喜欢的方式完成下面的拉伸动作。警告：绝不能在热身前做肌肉拉伸！

热身

在进行跑步训练之前，先通过快走或慢跑至少5分钟完成热身。你的最佳热身配速请参考前文。

慢跑5～10分钟

腘绳肌和小腿拉伸

髋部、背部和身体两侧的肌肉拉伸

髋部拉伸：动作1

髋部拉伸：动作2

侧卧股四头肌拉伸

站姿小腿肌肉拉伸

肱三头肌拉伸

背部拉伸

力量训练和跑后放松

跑完步后一定要慢跑或溜达几分钟，以便让身体逐渐放松。在不跑步的日子里，按照你自己喜欢的顺序进行下面的力量训练，为自己塑造一个平衡的、流线型的好身材。不过，完成力量训练后也要进行拉伸。

哑铃仰卧推举　哑铃单臂弯举　深蹲　腿部弯举

侧卧举腿：动作1　侧卧举腿：动作2　仰卧卷腹

俯卧背伸　慢跑5～10分钟

跑后放松

每次跑完步，都应该通过溜达或慢跑让身体慢慢放松。如果刚刚结束一次高强度的锻炼，比如参加正式比赛、长时间跑步（超过90分钟）、间歇训练、上坡跑训练等，放松时间就要延长到至少10分钟。如果是不涉及无氧运动的轻松跑，放松过程最多5分钟也就够了。

按摩和泡沫轴

过度劳累会让肌肉组织绷得非常紧，出现肌肉痉挛。肌肉痉挛时会很疼，而且如果不能及时得到缓解，还会导致肌肉损伤。为了让出现痉挛的肌肉得到有效放松，确保肌肉组织在训练或比赛时处于最佳状态，专业运动员会定期做深层组织按摩，但对于大部分普通跑者来说，每次跑完步都找个按摩师不太现实，而且花费比较大。相对而言，泡沫轴是一个更经济实用的选择，借助泡沫轴，你可以利用自身的体重对特定的肌群施加一定的压力，进行自我按摩。

何时使用泡沫轴

没必要每次锻炼后都用泡沫轴自我按摩。可以关注自己的身体状况：当感觉到肌肉出现痉挛时，就可以尝试借助泡沫轴缓解紧绷的肌肉组织。当然，也可以在锻炼前使用泡沫轴，让特定的肌群得到放松，或者在跑步后使用泡沫轴，帮助身体更快地分解肌肉中的乳酸，如果不能及时分解，这些堆积的乳酸会造成肌肉酸痛。此外，泡沫轴也可以用于损伤后的康复训练，不过在使用前一定要咨询医生或理疗师的意见。

如何使用泡沫轴

一旦锁定肌肉紧绷的区域，就可以把该区域放在泡沫轴上，前后滚动至少30秒（如果你的目的是用泡沫轴对肌肉热身，可以缩短时间）。感觉到紧绷疼痛的位置后，就暂停滚动，在这个点上休息一会儿，直到不适感慢慢消失，肌肉得到彻底放松。在滚动时保持正常的呼吸节奏即可，不要在骨头突出的地方来回滚动，比如踝关节和髋关节所在的位置。为了避免肌肉失衡，即便只是身体一侧的肌肉出现痉挛（比如一条腿），也要对两侧的肌肉都进行泡沫轴按摩。记住，在进行泡沫轴按摩时，要依靠身体的移动来带动泡沫轴来回滚动。

选择泡沫轴

泡沫轴的直径通常为15厘米，长度则从30厘米到90厘米不等。如果你是第一次使用泡沫轴，理想的长度应该是45厘米左右，这个长度足以支持大部分的练习动作，而且存放起来比较方便。

泡沫轴有各种不同的密度、质地和形状。密度和质地决定了按摩时的压力和强度，半圆形泡沫轴和其他不规则的装备则可以用于特定类型的按摩。就基本按摩而言，选一个中等密度的圆柱形泡沫轴就足够了。

如果要对单一区域进行集中按摩，比如足底，可以选择按摩球。

腿外侧泡沫轴练习

借助前文介绍的通用方法，跑者可以用泡沫轴按摩全身的肌肉。比如，下面的这个练习就是为放松腿外侧的肌肉组织设计的，包括髂胫束。这块区域的肌肉紧绷是跑者经常遇到的问题。

把下面的腿伸直，悬空架在泡沫轴上

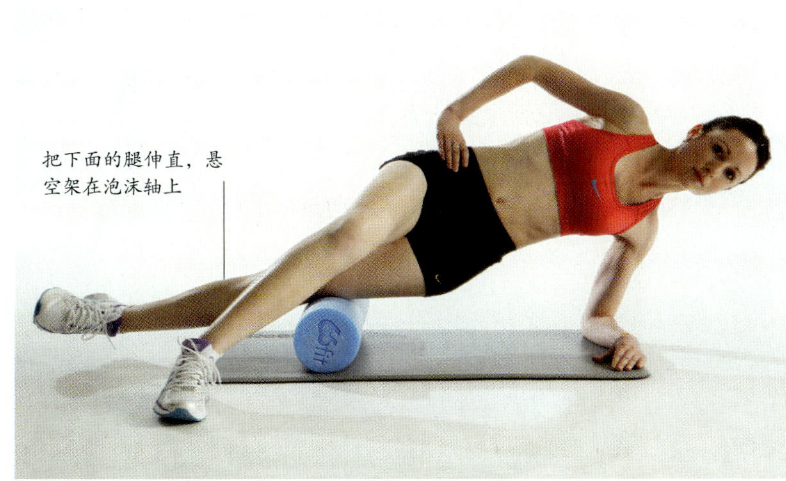

1 左侧卧，把泡沫轴放在紧靠膝盖上部的位置。用左前臂撑起上身，把右手放在髋部。右腿从左腿上面跨过置于身体前方，右脚全脚掌着地。

2 利用左臂的力量，让泡沫轴向下滚动，直到泡沫轴从大腿到达大腿根部，然后再慢慢地把泡沫轴滚回到膝盖上方的位置。重复这个动作30秒。然后转换方向，按摩右腿。

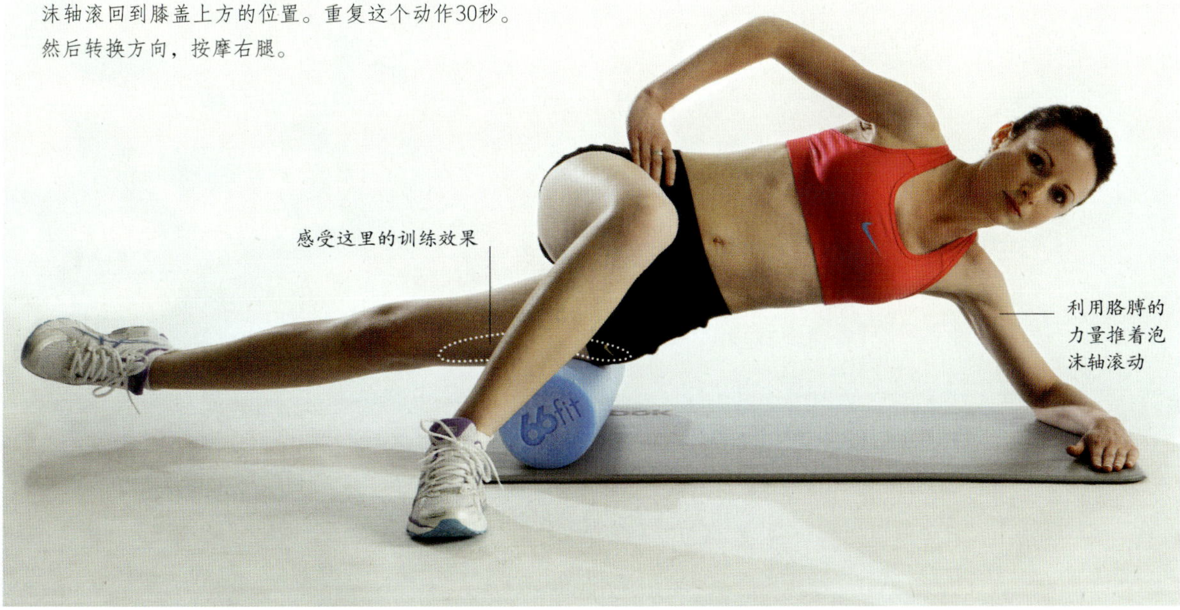
感受这里的训练效果
利用胳膊的力量推着泡沫轴滚动

第三章
支撑系统

在一个凉爽的秋日下午，我出现在学校的运动场上，进行第一次越野跑训练。我已经做好参加越野赛的准备，对我来说，训练就意味着要猛跑。杰格也在那里，不过他是坐在车里，发动机都没熄火，他就那么看着我们从车边跑过，偶尔会摇下车窗冲我们说：“慢慢跑，放松。”我理解杰格的意思，他始终认为：获得最强的心肺功能远比一直猛跑重要。

生理机能和跑步

与其他的低冲击力有氧运动不同，跑步对肌肉骨骼系统的冲击力比较大。这种冲击力造成的创伤还会对红细血胞总数、骨骼和结缔组织带来不良影响。不过，本章为你提供了一些有用的信息和建议，你可以借助它们合理设计自己的训练计划，让身体恢复得更快，同时避免出现训练过度的情况。

你的身体和训练过度

训练过度是身体长期得不到彻底恢复造成的一种慢性症状，它的典型表现包括肌肉疲劳、酸痛和筋疲力尽。不要把训练过度和持续几天的疲劳感混为一谈，这是一种呈螺旋下降的状况，会造成跑步能力持续弱化。

如果你在两次锻炼期间不给自己的身体充足的休息时间，那你很可能是训练过度了。如果你能够劳逸结合地安排自己的训练计划，你的进步可能会比较快，训练过度则会阻碍你的进步。你可能会认为加强训练能让自己变得更强壮，但事实上你的身体会感觉比较虚弱，而且跑起来也会觉得很费劲。久而久之，这种无法彻底恢复的状态就会把你的身体击垮。

了解自己的身体

跑步带来的持续冲击暴露了我们骨骼的弱点，这也是跑者很容易遇到骨骼问题的原因，有的跑者出现了慢性膝关节疾病，还有的跑者髋部、脚部或者髂胫束出了问题。不过，如果能够意识到自己的身体比别人需要更多的恢复时间，那些脚步很重甚至脚部畸形的跑者，也能跑得很快，练得很强壮。

举例来说，奥运会马拉松选手肯尼·穆尔（Kenny Moore）的高强度训练其实和我差不多，只不过我是训练一天放松一天，但他是训练一天放松两天。我们俩最终都达到了奥运会选手的水准，这是因为决定成绩提升的是训练的强度和连贯性，而不是高强度训练之间放松的天数。只有通过高强度的训练，才能提升你的配速，所以，在做过一次高强度训练后，一定要让身体得到充分的放松，得到彻底的恢复，然后才能继续下一次高强度训练，这期间需要放松几天就放松几天。一定要跟着自己身体的感觉走，让自己的训练计划逐渐跟上身体的节奏。

如何才能知道自己训练过度了？

值得高兴的是，通常要经过一段较长的时间才会出现训练过度的情况，所以跑步新手几乎不太会遇到这个问题。不过，如果你是一名中级跑者或者跑步高手，如何判断自己是否训练过度了呢，你的脉搏会告诉你答案。训练过度的标志之一就是你的静息心率在一段时间内会持续上升。静息心率的升高意味着你的身体负荷过重了，你需要更多的时间休息，接下来也不能再跑那么猛了。可以选择一个固定的时间，每天起床前测量自己的脉搏，我自己就是这么做的。

如果发现这个数字在一定时间内出现了明显的上升，如果平均每分钟的跳动次数大概多出10次，那可能就是运动过度了。

康复只是个简单的细胞分裂问题

跑步多少都会对身体造成损伤，但通常来说，你的身体只需要24～48个小时就能够彻底康复或者自愈，具体时间取决于你身体的细胞分裂速度和你自身的生理状况。跑步时，你的双脚和双腿承受的冲击力高达你体重的4倍，这会造成腿部的肌纤维出现非常细微的撕裂。此外，这种冲击还会对骨骼和结缔组织造成损伤，同时破坏掉一部分红细胞，这些红细胞是需要再造的。如果你不给身体留出充足的恢复时间，那就已经走在训练过度的路上了。

劳逸结合的训练法则

劳逸结合是我自己的训练法则，它会时刻提醒我：要想获得最好的表现，就必须在两次高强度训练之间给身体留出充足的恢复时间。劳逸结合的训练法则还有助于规避训练过度问题。依据这个法则，为了给身体留出足够的康复时间，每次高强度训练后你都要休息或者放松一天。这种放松对你的身体大有裨益，能够确保身体快速恢复：每次高强度训练后，你的肌肉、骨细胞和血液细胞以及结缔组织都会立即开始自我修复，有些人甚至需要放松两天才能彻底完成这个康复过程。一定要密切关注身体发出的信号——如果你已经过度训练了还不休息，或者继续进行会造成肌肉损伤的高强度训练，你的身体就永远无法彻底康复了。

什么是高强度训练？什么是轻松训练？

训练强度的高低是相对于你的健康水平而言的。如果你是跑步新手，最好隔天才跑一次，中间一天会彻底休息，或者去散散步，或者陪孩子玩耍。不管做什么，对你来说都是很轻松的活动。在这个阶段，即便是所谓的高强度训练，也不会让你跑得上气不接下气，这种“高强度”必然还在你的有氧运动范畴内，所以，你基本不太可能会训练过度。

随着跑步水平的不断提升，你会变成中级跑者，然后是跑步高手，此时你可能每天都会跑步。对你来说，所谓的高强度训练可能是比平时多跑一段时间，甚至加入一些间歇训练；而所谓的轻松训练，可能就是用可以聊天的配速跑圈，就像平时那样。相对而言，你的身体越健康，所谓的高强度训练就会越难，而所谓的轻松训练也会越轻松。你也可以记录下轻松训练的时间。在我的训练小组里，谁的配速最慢，大家就按谁的配速跑。

摩擦系数和恢复

有些跑者的脚步要比其他人轻，这种差异是由不同的摩擦系数造成的。知道自己的跑步摩擦系数并不能帮助你更快地恢复，但却可以解释为什么你比别人需要更多的休息时间。简单来说，所谓摩擦系数，就是用来驱动身体前进的力与脚垂直作用于地表的力之间的比值。不要把这个垂直力与跑者的重力混为一谈，这是因为，即便体重较轻的跑者也可能脚步很重。落地的脚步越重，给腿部肌肉纤维造成的极轻微的撕裂就会越多，你的身体也因此需要更多的时间来恢复和再造。

备战奥运会的训练

不管你的能力如何，所有跑者都要遵循劳逸结合的训练法则。

在备战奥运会马拉松时，从周一到周六，我每天都跑两次，周日则只跑一次32公里。虽然听起来跑的次数很多，但每周的高强度训练只有三次，包括周日的那次。其他时间的训练都非常轻松，以便给身体充足的时间自我恢复。

常见的自我激励法

对于很多专业的运动员来说，思想上的准备与身体上的训练一样重要。其实这也没什么好奇怪的，因为大脑是人体最复杂的器官。这些运动员通常都有一套动作来帮助自己做到聚精会神、心无旁骛。下面介绍的这些运动心理学小工具——从想象成功到乐观积极的仪式性动作——都非常实用，它们能够帮助你成为更优秀的跑者。

想象成功

多年前，研究人员发现了一种思想历程，他们把它称为“想象成功”。这种思想历程在成功人士中普遍存在，无论他们的竞争优势是什么，他们好像天生就具备这种能力。跑步的人也可以随时想象成功，特别是在准备比赛时。“想象成功”并不是什么神秘的训练秘籍——这只是一种行为，设想你自己已经在比赛中取得了胜利。不过，你倒也不需要每天都这么想：在脑海中给自己设定一个未来要实现的目标，然后不时想象自己沉浸在成功喜悦中的情形。这种想象能够带给你信心，让你在训练时感觉比较放松，同时也让你能够放心地参加比赛。我们以马拉松比赛为例来描述“想象成功”带来的结果：当你跑到某个关键节点时，比如32.2公里，你会觉得自己好像跑到过那里，有似曾相识的感觉。

想象成功

在备战马拉松比赛的训练中，我经常会想象自己跑到某个关键节点时依然感觉精力充沛的情形。我会把这种未来的感觉与当前的努力结合在一起。我会一直想象这种情形。结果就是，真到了比赛时，我会有一种似曾相识的感觉，觉得自己好像此前在那里参加过比赛。

这种似曾相识的感觉让我感到非常放松，也给了我巨大的信心。在1972年的奥运会马拉松比赛中，当我跑到14.5公里时，我发现自己非常疲惫，浑身发冷，但我此前已经知道这一切都会发生，因为我已经想象过这种情形。虽然说不清为什么，但我很清楚其他参赛选手当时肯定都遇到了麻烦。

通过实现目标来增强信心

实现既定的目标能够让你信心大增，进而激励你去做到最好。在长达40多年的跑步生涯中，我给自己设定的目标始终都是合理的、可实现的、渐进的。所谓合理的就是切实可行的：问问你自己，当天的真实感觉是怎样的？上次训练结束后是否已经完全恢复了？在决定当天的训练目标时，你必须把这些问题的答案考虑在内。如果你定的目标是可实现的，即便你的身体和情绪都处在低谷，你也一样能够顺利跑完，这样你就总能完成自己的训练计划了（有时候甚至能够稍微超额完成目标）。成功实现目标能够增强你的自信心，进而让你在训练中有更佳的表现。

积极乐观的仪式性动作

所谓仪式性动作指的是每次训练前都要做的一套标准动作。这些动作可以非常简单，比如每次跑步前都要刷牙。事实上，你做什么都行，只要保证每次训练前都做同样的动作就好了。当你身处一种令人紧张的情境时，比如参加正式比赛，这套积极乐观的仪式性动作就会“告诉”你的潜意识：“你要开始跑步训练了，而且此前你已经做过同样的事情。”毫无疑问，这个声音能够在很大程度上影响你的心情，让你感到无比放松，进而在比赛中取得更好的成绩。

你有很多方式把积极乐观的仪式性动作融入自己的训练中——把系鞋带当作一种仪式也未尝不可。在1972年的奥运会障碍跑比赛中，世界纪录保持者由于鞋带松了，跑着跑着鞋子就掉了，他只能光着一只湿漉漉的脚去跨越下一个障碍，结果在障碍前滑倒，最终无缘决赛。现在，很多跑步运动员都会在比赛前把系鞋带当作自己的仪式性动作，而且都会系双扣。

用积极乐观的仪式性动作改变自己的心态：把系鞋带当作自己的仪式性动作，而且一定要系双扣。

训练日志

有一些工具可以帮助你成为自己的教练，而训练日志就是其中最实用的工具之一。通过记日志，你不仅能够及时了解自己的表现，而且还能够追踪自己的进步情况。日志能够让你精准地知道自己的起点在哪里，也能够告诉你到目前为止你在生理上和心理上都取得了怎样的进展。借助日志，你还可以知道什么类型的训练计划是最适合你的。很多跑步App都能自动记录你的训练情况并自动生成日志，当然，你也可以人工记录自己的训练日志。

为什么要记跑步日志?

跑步日志的价值体现在很多方面。在为自己设定合理的、可实现的、渐进的目标时，日志能够促使你做一个诚实的人。如果仅仅凭借记忆来安排训练计划，我们很可能会撒个小谎，比如把自己的速度说得略快一些或者把距离说得略长一些。虽然是人之常情，但这些善意的谎言会让数据失真，会让我们设定的目标不够完美，最终会阻碍我们的进步。

跑步日志能够忠实地记录你的训练进展情况。通过日志这个工具，你可以随时查看自己的训练历程，能够清楚地知道自己在某个时刻的身体状况和当时的心情。

如何记跑步日志?

如果你使用健身追踪器或者跑步App，包括距离和配速在内的基本信息都会被自动记录下来。你或许还可以在训练日志中补充其他的信息，比如你做过的其他训练（力量训练或者去健身房健身）或者你吃过的食物。

如果你更喜欢手动记日志，请务必记录以下信息：日期、时间、距离以及你当时的心情和生理状态。我通常会把当天的训练结果记下来，偶尔还会加上一两句简短的评论。虽然我做的是高级跑者的训练，但我的跑步日志与跑步新手的日志并没有太大的区别（参见下面的日志示例）。

弗兰克的日志示例（45岁）

日期	上午	下午	感觉
10月11日，星期一	**上午7:00** 7英里	**下午3:00** 6次800米跑，第一次用时2分24秒，最后一次用时2分21秒	感觉神清气爽
10月12日，星期二	**上午7:00** 6英里（轻松跑）	**下午3:00** 小路上跑7英里	感觉有些无力
10月13日，星期三	**上午7:00** 骑车5英里	**下午3:00** 9英里（轻松跑）	感觉挺好
10月14日，星期四	**上午7:00** 6英里（非常轻松）	**下午3:00** 12次400米跑，第一次用时71秒，最后一次用时68秒	感觉挺好
10月15日，星期五	**上午7:00** 小路上跑7英里	**下午3:00** 校园里跑7英里	还算轻松，略感疲倦
10月16日，星期六	**上午7:00** 5公里比赛（用时15分20秒）	**下午3:00** 5英里（轻松跑）	感觉挺好
10月17日，星期日	**上午7:00–9:00** 2小时跑（最大心率的60%）；15～17英里		感觉很棒

注：1英里=1.6千米

忙里偷闲跑起来

对于大部分人来说，如何在繁忙的一天里挤出时间来跑步是一个巨大的挑战。很多的人和事早已把你的日程表占满了：工作、孩子以及和朋友们的聚会，等等。不过，只要做一些规划、用一些技巧、具备一点横向思维，你就能为任何事情找出时间来，包括跑步。下面谈到的一些技巧非常实用，它们能帮助你同时处理多个任务，也能帮你节约宝贵的时间。

早起的鸟儿有虫吃

如果你是全职父母，那就充分利用好早晨的时间吧！在床上多躺半个小时可能感觉很舒服，但这半个小时并不能让你休息得更好。尝试每天晚上提前半个小时上床，然后第二天早起半个小时去跑步。晨跑能让你一整天都感觉精力充沛、干劲十足，而且完全不会影响你的日程安排。

多任务并行节省时间

你住的地方是不是离公司不太远？如果的确如此，早晨跑步上班或许是个不错的选择，这不仅能够锻炼身体，还能让自己以充沛的精力和清醒的头脑开启全新的一天。此外，跑步上班还能省下交通费用，减少尾气排放，为环境保护事业贡献自己的一分力量。

很多大公司都有淋浴间，问问公司的人力资源部门这些淋浴间在哪里，以及是否提供肥皂和毛巾。如果公司没有淋浴的地方，你可以考虑下班后跑步回家，不仅同样可以省钱，还可以给自己一些私人时间，有效缓解一整天的忙碌带来的压力。

对于早晚都没有时间的跑者来说，利用午餐时间进行锻炼也是一种选择。只需跑上半小时，就能让自己紧绷的神经得到放松，从而为下午的工作做好准备。确保公司所在的大楼里有淋浴的地方，或者到公司附近的健身房办个卡，去健身房跑步和淋浴。

多任务并行节省时间：如果你选择跑步上班或者下班后跑步回家，记得给自己买个小背包。

营养

对于跑者来说，均衡饮食非常重要。你不仅要知道应该在什么时候吃什么食物，还要清楚不同的维生素和矿物质是如何影响你的健康的：有些对骨的发育至关重要，有些能够降低血压，还有一些能够加快伤后的身体恢复。在你摄入的食物中，未加工的食品越多越好；在训练之前和训练过程中，除非你觉得自己特别需要补充能量，否则就不需要能量棒和运动饮料。

健康饮食

人体摄入的食物主要分为五大类：碳水化合物、蛋白质、水果和蔬菜、奶制品以及有益健康的脂肪和食用油。为了让身体获得的能量达到最佳状态，为了自己的健康着想，这五种食物每天都应该吃一些，而且各类食物的摄入量应该在一个合理的范围内。均衡的饮食之所以应该包含这五大类食物，是因为它们在人体内都承担着至关重要的任务（参见下表）：我们吃的食物不仅能够为我们补充能量，而且还有修复和保护身体的作用。对于要挑战身体极限的跑者来说，均衡饮食尤其重要。

能量和糖原

碳水化合物是人体的能量来源。我们摄入的碳水化合物会转化为葡萄糖，然后通过胰岛素传输给细胞，供身体使用。如果身体储存的葡萄糖过多，

五大食物种类

食物种类	带来的益处	主要来源	每日摄入量
碳水化合物	为肌肉提供能量，减少肌肉劳损，有助于抑制饥饿感；所以，如果你想减重，选择健康的碳水化合物吧。	糙米、意面、面包、硬面包圈和燕麦；黑麦/磨碎的小麦饼干、红薯、藜麦、玉米粉。	6~11份
蛋白质	富含氨基酸，能够促进肌肉的生长和愈合；红肉富含铁和锌。	肉类、禽肉、鸡蛋、花生酱、罐装豆类、鱼、豆腐。	2~3份
水果和蔬菜	维生素和矿物质的绝佳来源，能够促进运动后的肌肉和组织愈合；也是碳水化合物和植物纤维的来源之一。	水果：柑橘类（比如橙子、酸橙、葡萄柚、橘子）、香蕉、浆果、甜瓜、猕猴桃； 蔬菜：沙拉叶、绿叶菜（比如西兰花、甘蓝和菠菜）、甜椒（绿色、红色和黄色）。	至少5份
奶制品	强健骨骼，降低患骨质疏松症的风险。富含钙、维生素D、钾、磷和维生素B。	低脂牛奶、奶酪、酸奶。	2~3份
健康脂肪和食用油	“好”脂肪包括欧米伽3、欧米伽6和欧米伽9。这些脂肪酸能够为免疫系统、神经活性和大脑的各项机能提供支撑，而且有助于身体对维生素的吸收。	欧米伽3：富含脂肪的鱼类、贻贝；欧米伽6：核桃、橄榄、向日葵、葡萄籽油；欧米伽9：杏仁、鳄梨、橄榄、山核桃。	适量的健康脂肪

升糖指数

升糖指数高的食物通常会让你的血糖水平迅速飙升，但随着储存能量的消耗，随后又会快速下降。如果数字低于55，通常就认为升糖指数比较低，如果高于70，则认为升糖指数比较高。

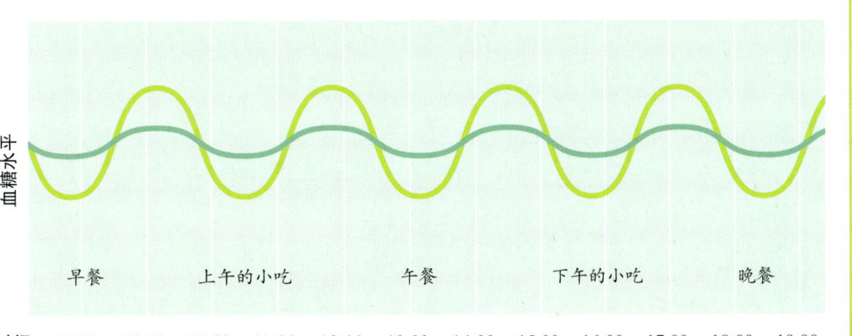

图例

- 升糖指数低的食物分解得慢
- 升糖指数高的食物分解得快

它们就会转换为糖原存在肌肉和肝脏里。

不过，并非所有的碳水化合物都是一样的。营养学家会用升糖指数（GI）来确定不同的碳水化合物转化为能量的速度，并用数字1～100来表示速度的快慢。升糖指数低的食物分解得慢，升糖指数高的食物分解得快。如果这个数字低于55，通常就认为升糖指数比较低，摄入的食物中就应该包括所谓的“复合”碳水化合物（比如全谷物面包和糙米），以及一些水果、蔬菜和豆类。这些食物释放能量的速度比较缓慢，能够让你的血糖水平一整天都保持在相对稳定的状态。它们还会给你一种很饱的感觉，这意味着你不太可能有吃零食的冲动。

在量表的另一侧，升糖指数高（大于70）的食物分解的速度和释放能量的速度都会比较快，正因如此，这些食物有时被称为“简单”碳水化合物。白面包、白米饭、土豆和含糖量高的食物，就属于升糖指数比较高的类别了。摄入这些食物会让你的血糖水平迅速飙升，但随着储存能量的消耗，随后又会出现快速下降。由于这个原因，升糖指数高的食物被认为没有升糖指数低的食物健康，此外，升糖指数高的食物一般都富含热量，而类似甜食和饮料这样的食物其实也没太多营养价值。不过这也不是绝对的，比如说，香蕉就是一种健康的零食，虽然事实上香蕉是升糖指数比较高（分数是62）的食物，但却富含钾和纤维素。所以说，只要能为身体提供营养，升糖指数高的食物在均衡饮食中也能占有一席之地。

为训练加油

大多数人的身体都能储存大约2000千卡的糖原，足够支撑人跑上32公里左右。不过，对于参加长距离跑步训练（比如马拉松）的跑者来说，这些糖原就不够了。一旦身体储存的糖原被消耗殆尽，你就会感到非常疲惫，这种现象通常被称为“撞墙”。

通过长期训练，你可以延迟身体“撞墙”的时间，从而让自己有足够的能量跑得更远、更久。这其中的秘诀就是让身体能够在糖原储量下降时通过燃烧脂肪来提供能量。要想做到这一点，需要多做低强度的轻松跑训练，慢慢延长每次跑步的持续时间，逐渐提升自己的耐力。此外，也需要调整自己的饮食习惯，少吃升糖指数高的食物，增加蛋白质和健康脂肪的摄入量（建议在改变饮食习惯前咨询医生的意见）。如果你习惯吃含糖量高的食物和简单碳水化合物，改变起来可能不太容易，需要你对自己严格要求。不过，长期来看，你付出的代价是值得的，因为你会变得更精瘦、更强壮、更健康。

更重要的是，通过这些训练和饮食习惯的改变，你的肌肉能够储存的糖原量也会增加，此外，一旦这些糖原被消耗殆尽，你的身体会习惯性地通过燃烧脂肪提供所需的能量。经过长期的低强度训练，你的耐力会有显著提升，随后，你就可以慢慢增加训练的强度了。如果你准备参加一次高强度的比赛，则可以借助“肝糖超补法”给身体储备更多的能量。

能量丰富的小吃和运动饮料

即便你把身体调整得不错，能够储备更多的糖原，你可能依然无法坚持到终点，特别是在长距离跑步和比赛时。在这些情况下，你可能想借助升糖指数高的能量棒或者运动饮料给自己助力。这些能量棒或运动饮料含有大量的糖分，能够迅速为身体补充所需的能量。运动饮料还能及时补充因出汗流失的电解质和盐基矿物质。

市面上销售的能量棒通常只关注含糖量，此外并没有什么营养。为了避免这个问题，你可以考虑用升糖指数高的水果、坚果等自己制作能量棒和运动小吃。最简单、最便携的高能量运动小吃就是水果。同样的道理，你也不需要每次训练都去买昂贵的运动饮料：不含碳酸的可乐就是个不错的选择，一瓶含有少量岩盐或食盐的水也能补充身体流失的电解质。

你要确保把握好补充能量的时间，能量棒和小吃至少应在跑步或比赛前一个小时吃，这样身体才有充足的时间消化这些东西。跑步的过程中吃能量棒是没用的：它只会留在你的胃里，给你增加负担，根本无法及时提供身体所需的能量。此外，跑步时补充运动饮料不能豪饮，每隔一段时间喝一口就好。你也不希望跑步时一肚子水在体内晃荡吧?

有人说，经常吃能量棒、经常喝运动饮料能带给你更大的优势，千万别信这些鬼话。这些东西只能少量摄入，运动饮料仅在训练时才需要喝，能量棒则在训练或比赛前吃。此外，也要注意均衡饮食，如果吃了能量棒、喝了运动饮料，当天晚些时候就不要再吃升糖指数高的食物了，相反，要多吃升糖指数低的东西。

强化和修复

健康均衡的饮食不仅能为你提供所需的能量，而且还能让你的身体保持最佳状态。

蛋白质对肌肉的修复至关重要。肉类、家禽、鱼类和豆类都含有氨基酸，而氨基酸有助于锻炼时拉伤的肌肉再生。一个成年人每天应摄入3 ~ 5份蛋白质，而且这些蛋白质最好有多种来源。

就把身体保持在最佳状态而言，维生素和矿物质也扮演着非常重要的角色。蛋白质和碳水化合物是某些特定营养素很好的来源，比如红肉能够提供人体所需的铁元素，但还有很多营养素要从不同的食物组中摄入。举例来说，维生素C有助于维持结缔组织的健康。浆果和橙子都是非常不错的维生素C来源，把一份浆果或者一个橙子当零食能够降低肌腱拉伤或扭伤的风险。

钙对于跑者来说也非常重要：钙有强健骨骼的作用，因此可以有效防止骨折或其他骨骼损伤。奶制品中富含钙元素；如果你是乳糖不耐受患者，可以选择富含钙的植物乳替代品。为了确保人体对钙的充分吸收，还应该定期摄入维生素D。富含脂肪的鱼类、奶制品和鸡蛋中都富含维生素D，此外，晒太阳也能提供身体所需要的维生素D。只要在阳光灿烂的日子出去跑上一圈，身体所需要的维生素D就有了，不过，跑之前记得涂抹防晒霜。

营养补充剂

营养补充剂的作用是弥补膳食中缺乏的维生素和矿物质。理论上来说，如果你有均衡、健康饮食的好习惯，能够从摄入的食物中获取所有必需的营养素，应该不需要这些补充剂。

但事实上，很少有人能够仅仅通过饮食获得每日所需的所有维生素和矿物质。因此，每日摄入一定的综合维生素有助于补足身体所需的维生素和矿物质，从而让身体保持最佳状态。不过，这也有一个前提，那就是你只能把营养补充剂作为日常饮食的有益补充，而不是拿它们取代健康的饮食。在选择营养补充剂之前，最好和医生或者运动营养师聊聊。

善意提醒：虽然营养补充剂对一个人的训练计划是个有益的补充，但对营养补充剂的监管却不是那么严格。比如，在美国，营养补充剂被归类为食品，而不是药品，这意味着对营养补充剂里含有的具体成分并没有严格的管制。尽管每个人都有权利选择使用营养补充剂，但我建议大家在使用前先去看看政府的反兴奋剂网站。这些网站都会定期更新，上面会列举可能影响运动员表现的违禁药品和营养补充剂，要知道，有些营养补充剂甚至会对运动员的健康造成损害。

维生素和矿物质

营养素	带来的益处	主要来源
钙	促进骨骼的健康发育、调节肌肉收缩、帮助血液凝结。	奶制品、绿叶蔬菜、豆腐、强化面粉、大豆、鱼骨（比如沙丁鱼和凤尾鱼）。
铁	制造新的红细胞时必不可少的元素，红细胞能够把氧气带给肌肉。	精瘦的红肉、肝脏、坚果、菠菜等绿叶蔬菜、糙米、杏干、豆类。
维生素D	保持骨骼和牙齿健康。	裸露皮肤晒太阳。富含脂肪的鱼类、奶制品、鸡蛋、强化早餐麦片。
维生素E	保护细胞膜，确保细胞结构完善。	绿叶蔬菜、坚果和种子、麦片、麦芽。
叶酸	保持中枢神经系统健康。与维生素B_{12}一起摄入可促进红细胞形成。	绿叶蔬菜、西兰花、孢子甘蓝、豌豆、芦笋、鹰嘴豆、小扁豆、糙米、柑橘类水果。
钾	降血压，保持体液平衡。	豆类、坚果和种子、香蕉、海鲜、火鸡肉和鸡肉、牛肉、面包。
维生素C	保持结缔组织和细胞健康。	柑橘类水果、浆果、西兰花、孢子甘蓝、马铃薯。
锌	有助于新的细胞和酶的形成，促进伤口愈合。	奶制品、瘦肉、贝类、麦芽、面包。

补水

保持身体的水平衡是健康的重要组成部分。我们体重的50%~60%都是水，这些水分能够为身体提供矿物质，有助于细胞处于最佳工作状态，同时能把有毒物质带出体外。身体会自然地从我们的饮食中获取水分，所以只有当你感到口渴时才需要多喝水。聆听身体传递的声音：确保感到口渴时及时补水，避免身体脱水，同时也要确保不能饮水过量，以免出现水中毒。

补充水分

水是世界上最完美的饮料，它直接取自大自然，没有成本，不含热量，能够把废物带到体外，能够为人体提供重要的矿物质，还能够让细胞处于最佳工作状态。每人每天至少要喝6~8杯水（每杯240毫升）。

当身体脱水时，你的跑步成绩会下降，所以在跑步过程中和跑步结束后及时补水至关重要。其实没必要购买瓶装水，大部分情况下，喝清洁健康的自来水就足够了，如果你觉得必须要喝纯净水，市面上也能找到很多物美价廉的滤水器。

有些人发现，摄入些微的咖啡因也能提高他们的跑步成绩，比如喝一杯咖啡或者不含碳酸的可乐。不过，含咖啡因的饮料都是利尿的，有可能会造成人体脱水，比如茶、咖啡或者可乐。为了抵消这些副作用，喝完含有咖啡因的饮料后应该接着再喝一杯水。

喝点咖啡有帮助

适量喝点咖啡的确有助于提高跑步成绩。有些跑者发现咖啡让他们感觉跑起来更有力量。一杯咖啡大约含有80毫克咖啡因，足够让一名70千克的跑者有更佳的表现了。

为跑步补水

确保在跑步之前补足水分。在开跑之前60~90分钟时喝500~1000毫升水。这段时间足以让多余的水分从体内排出，避免跑步时胃里还有多余的水分在里面晃荡。如果你在跑步前已经补足了水分，而且天气不热、跑步时间少于20~30分钟，那你完全可以把水壶留在家里。不过，在进行训练时，你应该搞清楚自己需要什么，所以带个水壶比较好，这样你就可以随时监测自己的补水策略了。每隔10~15分钟喝上3~4小口（不要大口喝水），如果天气比较炎热，补水的频率就要更高一些。

电解质和水中毒

电解质是体内重要矿物质的另一种称谓。运动出汗会造成这些矿物质的流失。在跑步中补充电解质的方法之一是摄入少量的盐：往一瓶500毫升的水中加入半茶匙食盐或岩盐就能够补足流失的电解质。

也可以购买能够为身体补充电解质的运动饮料，这些饮料也含有碳水化合物，从而为身体补充能量。如果选择运动饮料，就要把握好喝这些饮料的时间。升糖指数较低或者适中的饮料可以在训练前或训练过程中喝；但升糖指数高的饮料只能在训练结束后喝，因为这些饮料的碳水化合物含量也比较高。在计算每日的热量摄入时不要忘记把这些饮料加上，如果你跑步的目的是为了减重，那就更要加上了。

只要感到口渴，就要及时补水，但也要小心不要补水过度。如果身体摄入了超过自身需求的水分，可能会导致运动相关性低钠血症（EAH）。此时血液中的电解质水平会出现失衡，因为你摄入的水分超过了肾脏的排泄能力。

有一个办法可以让你知道自己体内的水分是否处于平衡状态，那就是查看跑步后尿液的颜色，利用这个办法可以确保你知道自己每次训练时应该喝多少水。

你是否脱水了？

要想知道自己是否脱水了，最简单的做法就是用一个透明的杯子采集自己的尿样，然后查看尿样的颜色。理想状态下，你的尿样应该是下图中的前三种颜色之一。如果尿样的颜色比前三种更深，那你就要马上补水了。

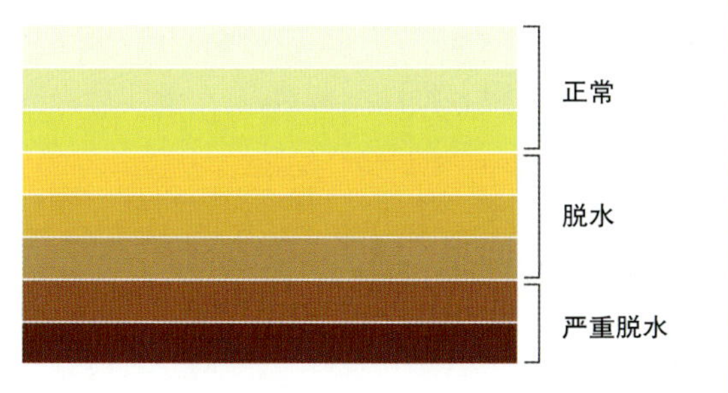

水分的得与失

人体会以多种方式摄入和排出水分。下面的图表呈现了人体摄入和流失水分的占比。

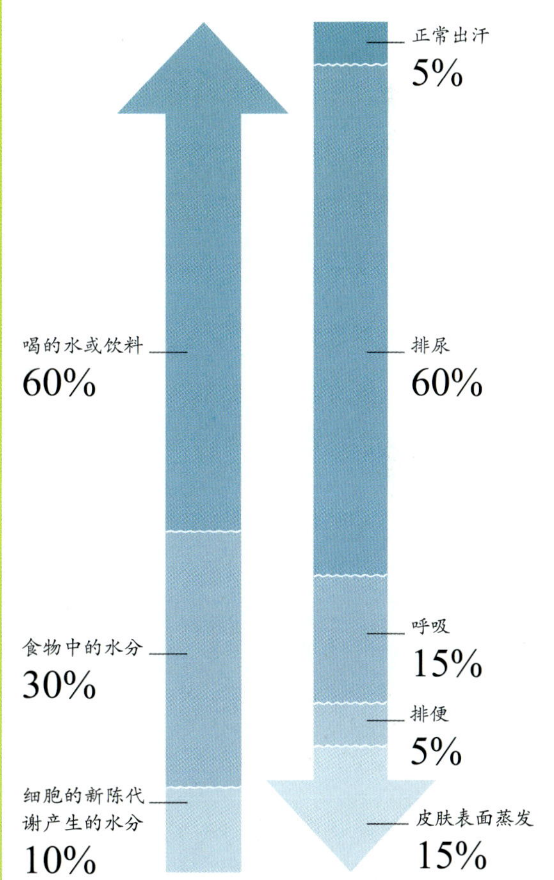

摄入的水分

你的身体会通过三种来源摄入水分：喝水或饮料、食物中的水分，以及新陈代谢产生的水分——燃烧碳水化合物和脂肪时释放的水分。

流失的水分

你体内的水分流失有五大渠道。体内水分的流失情况也与空气的湿度和温度以及训练的时间和强度有关。

延缓衰老

衰老是我们每个人都无法逃避的问题，但却可以通过特定的行动延缓这个过程。开始跑步、做肌肉拉伸、进行力量训练，同时保持健康均衡的饮食，就有可能让衰老来得慢一些。此外，不要承受过大的压力，也不要在太阳下暴晒，如果你能做到，就能看到神奇的效果，你的外表看起来会更年轻。对于成年女性而言，做到上述几点还可能让更年期推迟，至少可以减少某些更年期症状。

锻炼葆青春

让身体保持活跃状态能够从很多方面减缓衰老的迹象。经常跑步不仅能让你心情舒畅、精力充沛，而且还能够提升你的有氧运动能力。跑步能够延缓你的最大摄氧量退化进程，所谓最大摄氧量，就是你的身体在剧烈运动时能够摄取和利用的最大氧气量。你的肺部吸入的氧气越多，你的身体能够有效利用的氧气也就越多。氧气利用效率的提升能够减缓衰老。

简单来说，氧气充足的细胞活得更长久，皮肤细胞、肌肉细胞，甚至是脑细胞都是如此。所以，作为一名跑者，你有望长期保持年轻的肤色、强健的肌肉以及敏锐的思维。此外，跑步还能够有效强化骨骼，延缓骨质疏松症的出现（特别是对女性而言），越早开始跑步，你的骨骼就会变得越强健。人体的肌肉量会伴随着衰老的到来逐渐减少，生命就是如此。而且更加不幸的是，肌肉量与你的代谢率息息相关，所谓代谢率，就是你利用热量的速率。代谢率下降后，你的肌肉会开始萎缩，体重也有增加的风险，如果能在跑步计划中加入力量训练，就可以减缓肌肉萎缩和体重增加的进程。经常拉伸能够保持身体的灵活性和柔韧度，即便你老了，也不会感觉身体变得很笨拙。

均衡饮食：多喝牛奶，因为牛奶中含有大量的维生素和矿物质，比如钙，钙能够缓解骨质疏松症带来的影响。

为什么要涂防晒霜?

紫外线总是存在的，即便是在多云的天气，而紫外线对皮肤的危害非常巨大。紫外线会“偷走”皮肤表面的水分，减少细胞更新，结果导致身体提前出现衰老的迹象，比如更多的皱纹以及皮肤褪色。紫外线还会引发皮肤癌。为了保护好自己的皮肤，外出时一定要涂防晒霜，防晒系数至少应为15。

通过全面健身对抗衰老：跑步、拉伸、力量训练，外加健康的生活方式，可以有效延缓诸多衰老迹象的出现。

饮食和压力水平

在对抗衰老的计划中，锻炼并不是唯一重要的因素，均衡饮食也同样重要，我们的食谱中应该包含多种多样的健康食物。水果和蔬菜能为身体提供重要的营养物质，包括β-胡萝卜素、硒、维生素A、维生素C和维生素E之类的抗氧化剂，这些抗氧化剂能够保护细胞免受自由基的破坏。为了保持强健的骨骼，女性应该每天服用钙补充剂，或者每天摄入2~3份奶制品，比如酸奶或牛奶。

把压力水平保持在可控范围内也能延缓衰老。压力会促使身体向血液中释放激素，比如肾上腺素和皮质醇。这两种激素都会导致人过早衰老，所以一定要尽最大可能处理好生活中出现的小灾小难。

跑步瘦身

跑步是最有效的瘦身方法之一。跑步燃烧的卡路里几乎比任何其他运动燃烧的卡路里都要多，而且会使你的下半身变得更加强壮，同时又不会堆积大块的肌肉。不过，仅靠跑步并不能获得理想的瘦身效果，你还必须调整自己的饮食，清楚自己摄入卡路里的数量和质量。下面就是我带给大家的安全有效的瘦身建议。

卡路里很重要

忘记你听过的时尚饮食吧，真正重要的是卡路里。要想瘦身只有一个办法，那就是让自己燃烧的卡路里多于摄入的卡路里。安全的瘦身计划是体重每周减0.5千克。0.5千克的体重大约含有3500卡路里的热量，所以，要减掉这0.5千克的体重，你必须在一周的时间里创造3500卡路里的热量赤字。不过，如果你的目标并不是快速瘦身，就一定要记住，任何热量赤字都会导致体重减少。即便你不改变自己的饮食习惯，也不增加跑量，你的体重依然会减少。最健康、最理想的瘦身方法应该是稳步推进，在加强锻炼的同时调整自己的饮食。

调整饮食

必须清楚自己平时每日摄入的卡路里是多少，然后对自己严加管制，做一些必要的减法。可以记录自己每天的食谱，持续一周，然后估算一下每天摄入了多少卡路里，最后看看可以从哪里减掉一些。例如说，用水果替代高热量的零食，用鱼肉

跑步瘦身：要想减掉多余的体重，最有效的办法就是跑步，外加控制卡路里的摄入量。

替代红肉，用脱脂牛奶替代全脂牛奶。你会惊喜地发现，饮食上的这些小改变很快就会带来显著的效果。如果你还想减掉更多的卡路里，可以参考右边的表格。

尽管如此，我可要提醒你一句，你每天摄入的热量不能少于1200卡路里，尤其是在你经常跑步的情况下。1200卡路里是一个非常严格的极限值，保持在这个水平能让你迅速瘦身，如果低于这个水平，就存在一定的风险了，到时你减掉的就不是脂肪，而是肌肉了。从长远来看，肌肉量的减少会减缓你的基础代谢率，进而导致你的体重有一天还会增加回来。

通过替代食物减少卡路里的摄入量

尝试	而不是	减少的卡路里
酸奶冰激凌(170)	冰激凌(240)	70
香蕉(93)	香蕉蛋糕(338)	245
健怡可乐(0)	普通可乐(150)	150
脱脂酸奶(30)	鲜奶油(62)	32
南瓜子(36)	花生(105)	69
葡萄干(60)	巧克力(250)	190
脱脂牛奶(36)	全脂牛奶(150)	114

注：进行两两对比的食物分量都是一样的。

数字游戏

就微调卡路里摄入量和消耗量而言，跑步是非常好的一种方式。如果你跑步时的体感强度是6级，或者说最大心率的60%，那么，你每跑1.6公里大约会燃烧100卡路里。如果你每周跑四天，每次跑4.8公里，那么仅跑步这项活动，你一周燃烧的热量大约就是1200卡路里。如果你希望燃烧更多的卡路里，还可以再多跑4.8公里，这样你一周内通过跑步燃烧的热量大约就是1500卡路里。你可以少跑一些距离，同时减少从食物中摄入的热量，也可以多跑一些距离，同时增加从食物中摄入的热量，这两种做法最终达到的效果是一样的。

跑完步以后，你的身体燃烧卡路里的速度会加快。跑步加快了你的代谢率，虽然跑完了，但你的代谢率依然保持在较高的水平。事实上，你的身体高速燃烧卡路里的时间甚至能够持续到跑步后的12小时。

跑步会让腿部的肌肉变得更加强健，而肌肉组织的代谢非常活跃，腿部的肌肉组织越多，你的静息代谢率也就越高。所以，即便是在不跑步的休息日，你也会比以前燃烧更多的卡路里。

关于高蛋白饮食

近年来高蛋白饮食变得比较流行，你可能也比较了解了，但我还是要说几句。高蛋白饮食虽然也能瘦身，但不一定是一种健康的、可持续的方式，尤其是对于一名跑者来说。亲身经历告诉我，这种饮食会让我感觉不是那么精力充沛。高蛋白饮食把碳水化合物排除在外，这无疑会对肾脏以及其他内脏器官造成压力，长远来看可能是有害的，对于那些此前肾脏就有问题的人来说更是如此。

此外，如果你的身体无法从碳水化合物中获得所需的能量，那你的跑步效率也不会很高。事实上，因为偏爱某类食物而放弃另一类食物肯定会给身体带来风险，为了保持最佳状态，人体需要健康、均衡的饮食。更健康的瘦身方式应该是适量摄入多种多样的食物，然后通过跑步把多余的热量消耗掉。

跑步瘦身计划

就燃烧卡路里的速度而言，跑步几乎比任何其他形式的锻炼都要快，每跑1.6公里就能燃烧100卡路里，显然，跑步是不错的瘦身方式。在开启自己的瘦身计划之前，你必须搞清楚自己平均每天会摄入多少卡路里的热量。要想每周减掉0.5千克的体重，需要通过锻炼和调整饮食，把每天摄入的热量减少500卡路里。

举例来说，如果你每天通过饮食摄入的热量通常是2000卡路里，然后你开始每天跑步1.6公里，那你每天通过跑步能够消耗掉100卡路里，这意味着你只需每天从饮食中少摄入400卡路里（降为1600卡路里）就能达到每天减少500卡路里的目标。在不跑步的日子里，你应该进一步减少从食物中摄取的热量，把这个数字降到1500卡路里，这样依然可以实现每天减少500卡路里的目标。只要能坚持每天少摄入500卡路里的热量，一周以后你的体重就能减轻0.5千克。

这个瘦身计划的美妙之处就在于它的灵活性和简便性。如果你有一天没能跑步，那就从食物中再减掉100卡路里，如果你必须去参加一个特别的晚宴，那就在该星期内多跑一些。在这个瘦身计划中，没有什么食物是必须要禁止的。要实现既定的目标，只需要简单的数学公式和你的常识就够了！

为了达到瘦身的目的，每次跑步都要确保用可以聊天的配速。右侧的这个8周瘦身计划应该能帮助你减掉大约4千克的体重。

周	天	内容	天	内容
第1周	第1天	慢跑1.6公里 少摄入400卡路里	第2天	休息日 少摄入500卡路里
第2周	第8天	休息日 少摄入500卡路里	第9天	慢跑1.6公里 少摄入400卡路里
第3周	第15天	慢跑3.2公里 少摄入300卡路里	第16天	休息日 少摄入500卡路里
第4周	第22天	慢跑4.8公里 少摄入200卡路里	第23天	休息日 少摄入500卡路里
第5周	第29天	慢跑3.2公里 少摄入300卡路里	第30天	休息日 少摄入500卡路里
第6周	第36天	慢跑4.8公里 少摄入200卡路里	第37天	休息日 少摄入500卡路里
第7周	第43天	慢跑4.8公里 少摄入200卡路里	第44天	休息日 少摄入500卡路里
第8周	第50天	慢跑6.4公里 少摄入100卡路里	第51天	休息日 少摄入500卡路里

□ 休息日
□ 跑步日

第3天	第4天	第5天	第6天	第7天	合计
慢跑1.6公里 少摄入400卡路里	休息日 少摄入500卡路里	慢跑1.6公里 少摄入400卡路里	休息日 少摄入500卡路里	慢跑1.6公里 少摄入400卡路里	-3500卡路里

第10天	第11天	第12天	第13天	第14天	合计
慢跑1.6公里 少摄入400卡路里	休息日 少摄入500卡路里	慢跑1.6公里 少摄入400卡路里	慢跑1.6公里 少摄入400卡路里	休息日 少摄入500卡路里	-3500卡路里

第17天	第18天	第19天	第20天	第21天	合计
慢跑3.2公里 少摄入300卡路里	休息日 少摄入500卡路里	慢跑3.2公里 少摄入300卡路里	慢跑3.2公里 少摄入300卡路里	休息日 少摄入500卡路里	-3500卡路里

第24天	第25天	第26天	第27天	第28天	合计
慢跑3.2公里 少摄入300卡路里	休息日 少摄入500卡路里	慢跑4.8公里 少摄入200卡路里	休息日 少摄入500卡路里	慢跑4.8公里 少摄入200卡路里	-3500卡路里

第31天	第32天	第33天	第34天	第35天	合计
慢跑4.8公里 少摄入200卡路里	休息日 少摄入500卡路里	慢跑4.8公里 少摄入200卡路里	慢跑4.8公里 少摄入200卡路里	休息日 少摄入500卡路里	-3500卡路里

第38天	第39天	第40天	第41天	第42天	合计
慢跑3.2公里 少摄入300卡路里	休息日 少摄入500卡路里	慢跑4.8公里 少摄入200卡路里	休息日 少摄入500卡路里	慢跑4.8公里 少摄入200卡路里	-3500卡路里

第45天	第46天	第47天	第48天	第49天	合计
慢跑4.8公里 少摄入200卡路里	休息日 少摄入500卡路里	慢跑3.2公里 少摄入300卡路里	慢跑4.8公里 少摄入200卡路里	休息日 少摄入500卡路里	-3500卡路里

第52天	第53天	第54天	第55天	第56天	合计
慢跑6.4公里 少摄入100卡路里	休息日 少摄入500卡路里	慢跑4.8公里 少摄入200卡路里	休息日 少摄入500卡路里	慢跑6.4公里 少摄入100卡路里	-3500卡路里

第四章
中级进阶

记忆中的第一次跑步是在我九岁时，当时我们正在操场上玩抓人游戏。我的目标是成为最后一个被抓住的人。我飞快地往操场外面跑，想象着自己迅速拉开与其他孩子的距离，想象着他们永远都追不上我。我甚至有一种飘起来的感觉，非常放松，无比自由。如今，每当跑步感到紧张的时候，我都会想象自己九岁时往操场外飞奔的情景，我唯一要担心的就是别被其他孩子抓住。

跑步技巧

不管是跑步新手，还是经验丰富的跑者，每个人都有自己独特的跑步风格，这种风格是与生俱来的。你可以把跑步想象成一个拼图游戏，你要做的就是把脚部触地的方式、步幅、跑姿和手臂的位置非常自然地拼合在一起，给自己一种很舒服的感觉。就像在操场上飞奔的孩子一样，你的身体有一种本能，它知道怎么跑才是对的。只要重温儿时的跑步记忆，你就能找到最适合自己的跑步姿势。

跑步姿势千差万别——奥运会选手也是如此

人们常说我的跑步姿势很好，但跑步姿势因人而异，在我看来，没有任何一种跑步姿势是所有人都必须要遵循的。比利时选手卡雷尔·利斯蒙（Karel Lismont）是欧洲马拉松比赛的冠军，也曾获得奥运会铜牌，他跑步的姿势看起来就有些笨拙，而且头部明显歪向右侧。著名作家和奥运会选手肯尼·摩尔（Kenny Moore）曾经形容一位来自苏联的马拉松选手跑起来就像在“踩蚂蚁”。其实，无论你的跑步姿势是怎样的，在跑步这件事上大家都有提升空间。

你的跑步姿势是与生俱来的，小时候在操场上奔跑时，你根本不会想跑步姿势的问题，那么，现在，你也不用想这个问题。

放松，找回最适合你的跑步姿势

每每回忆起小时候玩抓人游戏时往操场外奔跑的情形，我就能让自己放松下来，重新找回最适合自己的跑步姿势。回忆儿时的跑步情形这种方法肯定也适合你。不要被眼下的跑步活动束缚，别去追求速度或者试图找到好的跑步技巧。相反，回忆一下你小时候自由奔跑的情形，你会发现，那种最自然、最放松的跑步姿势自己就会慢慢浮现出来。

手臂的位置

摆臂的节奏和手臂的位置不仅有助于驱动身体前行，而且还有助于保持身体的平衡和稳定。不过，就节奏和位置而言，并没有所谓的对错之分。有些人跑步时喜欢把胳膊抬起来，有节奏地前后摆动，也有些人胳膊伸得比较直，跑步时几乎没什么摆动。无论如何，你只需记住最重要的一点，那就是让你的摆臂节奏和手臂的位置跟你的跑步姿势达到自然的和谐统一。不要试图去控制手臂的摆动，让你的身体告诉你什么样的节奏和位置是最自然的。你可以通过下面的练习为自己的手臂找到最理想的位置。

手臂的位置

要想找到最自然的手臂位置，你的整个身体必须处于奔跑状态。如果只是站在原地，你会不由自主地想要去控制手臂的摆动。奔跑时，让手臂跟着感觉走，它们"想"去哪儿就去哪儿。你的身体本能地就会让手臂的摆动与腿部的移动同步起来。

1 用可以轻松聊天的配速开始跑步，摒弃头脑中的一切杂念，让手臂自然地垂在身体两侧。

2 抬起手臂到一个舒服的位置，让它们以非常自然的节奏摆动。不要想接下来该把它们放在哪里——让它们跟上身体的整体运动节奏就好了。

身体的姿势

很多跑者非常担心跑步时身体的姿势是否正确，其实没必要。怎么舒服你就怎么跑，让你觉得自然、舒服的姿势就是正确的姿势。如果你试图刻意改变身体的姿势，你的整个跑步动作可能会变得很不协调，你也会感觉很不舒服，这种刻意的改变甚至会对身体造成伤害。只要保持身心放松，想象小时候在操场上自由奔跑的情形，最适合你的身体姿势自然就会浮现出来。注意：当你爬坡时，身体的角度会有轻微的改变，不要抗拒这种改变。就跑步而言，你的身体本能几乎总是正确的，所以你应该相信它。

通过这张照片，你可以看出我跑步时是脚尖先着地，这也意味着我跑步时身体会略微前倾。

脚部触地的方式

脚部触地的方式，分为脚尖先着地和脚跟先着地两种。从生物力学的角度来说，脚部触地方式跟人们与生俱来的跑步姿势有关，所以无须试图去改变它。不管什么部位先着地，都要确保着地时一定要轻，以便把跑步对身体造成的冲击降到最低。

大部分跑者都是脚跟先着地，然后逐渐过渡到整个脚底，最后是脚尖离地迈出下一步。脚尖先着地的跑者则刚好相反，先是前脚掌着地，然后逐渐过渡到整个脚底，最后是脚跟离地迈出下一步。脚部触地的方式没有对错之分，还是那句话，最自然的就是最适合你的。此外，脚部触地的方式与速度和运动损伤也没有必然的联系，事实上，它的影响仅限于你应该购买什么样的跑鞋：脚跟先着地的跑者需要购买有包裹性后衬的跑鞋。

脚部触地方式与身体姿势密切相关

人体的重心或者叫平衡点位于躯干部分，通常位于脚部站立位置的正上方，这就意味着跑步时身体的姿势和脚部触地的方式是彼此影响的。如果你是脚跟先着地，那你的身体通常是直立的姿势；如果你是脚尖先着地，那你的身体很可能会略微前倾。

身体的姿势和脚部触地的方式必须协调一致，这样才有助于保持身体的平衡，改变任何一方都会对另一方造成影响，所以不要轻易改变，以最自然的方式去跑就好了。不过，有一种情况例外：在爬坡的时候，绝大部分跑者都会身体前倾，同时脚尖先着地，这是因为这种方式有助于跑者更顺利地爬坡。

脚尖先着地

这名跑者是脚尖先着地，她跑步时身体微微前倾，这样，她的躯干，也就是身体的重心，刚好可以落在脚尖触地位置的正上方。

身体前倾的姿势让她的重心刚好可以落在脚尖触地位置的正上方。

脚尖先着地的跑者先是前脚掌着地，然后逐渐过渡到整个脚底，最后是脚跟离地迈出下一步。

脚跟先着地

这名跑者是脚跟先着地，她跑步时身体微微后仰，这样，她的躯干，也就是身体的重心，刚好可以落在脚跟触地位置的正上方。

直立的身体姿势让她的重心刚好可以落在脚跟触地位置的正上方。

脚跟先着地的跑者先是脚跟着地，然后逐渐过渡到整个脚底，最后是脚尖离地迈出下一步。

身体类型和跑步姿势

你的体型和体格大小会影响你的跑步姿势，不过，只要了解自己的身体类型，并做到扬长避短，它们倒不会影响跑步的速度。通常来说，人类的体型主要分为三种：外胚型、中胚型和内胚型。外胚型多为颀长体型，这类人骨架较小，体重也较轻，想练出一身肌肉不太容易。中胚型比外胚型的肌肉多，骨架较宽，体重也较重。

内胚型比外胚型和中胚型的身材都要胖一些，肌肉也更柔软，骨架的长度和宽度跟中胚型比较像。绝大部分人的体型都是这三种体型的结合体，任何一种极端的体型都是比较少见的。很多人的体型会介于内胚型与中胚型之间。

任何体型的人都能成为跑步高手

我必须承认，如果你想参加奥运会马拉松比赛，最好能有一幅相对颀长的身材。不过，颀长的身材并不是成为跑步高手的必要条件。事实上，我一直觉得，身材看起来不像跑步高手的人在比赛中反而具备更大的心理优势。其实，一个人能否成为跑步高手靠的可不是体型，而是训练，这一点才是更重要的。

1984年夏季，琼·本诺伊特·萨缪尔森（Joan Benoit Samuelson）在洛杉矶奥运会上获得首个女子马拉松冠军，创造了历史。她是一名非常优秀的运动员，也是一名冲劲十足、极为睿智的竞技型选手。她个子不高，身上肌肉却不少，看起来可不像一个跑步高手。曾打破马拉松世界纪录的英国选手保拉·拉德克里芙（Paula Radcliffe）是个瘦高个儿，事实上，她是马拉松历史上个子最高的女选手之一。这两位女性在体型上都有一定的局限性，但这并不妨碍她们成为顶级的长跑运动员。

打破常规：不寻常的身材并不妨碍一个人成为跑步高手，比如高个子的保拉·拉德克里芙（Paula Radcliff）。

后天的训练远比先天的体型重要

在过去的这些年里，马拉松比赛的获胜者在全球的分布变得越来越平均，顶尖高手可能来自各个国家，几乎没有地域性倾向。这显然是后天训练带来的结果，与体型或者文化并没有必然的联系。前几年时，体型颀长的埃塞俄比亚选手无疑是奥运会马拉松赛场上夺冠的大热门，但最近几年的情况与前几年形成了鲜明的对比，东亚人种体型的选手开始频频摘取奥运会男子马拉松比赛的奖牌。这个现象告诉我们，在马拉松比赛中能否获胜其实与文化和体型没有必然联系，帮助选手取得金牌的并不是先天的体型，而是后天的训练，富有创造性的训练。

步幅和步频

步幅和步频是决定跑步配速的两个主要因素。步幅指的是一步的距离，以脚的中心算，你跑一步后，同一只脚两次连续着地之间的距离。步频指的是你在跑步时，双腿在给定的距离内转换支撑点的频率。每个人都有适合自己的步幅和步频，你感觉最舒服的步幅和步频就是最适合你的。

人们对步幅的关注其实有些过头了，而且出现了不少错误的认识，这些错误的认识很可能会导致身体受到伤害。例如，有些跑步新手会盲目追求增大步幅，总希望每一步都能多迈出一些距离。尽量不要掉进这个陷阱，刻意增大步幅会对你的跑步姿势造成影响，进而造成肌肉劳损和拉伤。

对于跑步新手来说，如果会想到步幅问题，那就说明你想太多了。如果你希望提高自己的配速，不要打步幅的主意，相反，你可以尝试提高步频，

大步和小步

步幅的大小因人而异，但通常与身高和体型密切相关。个子高的跑者一般步幅较大，个子矮的跑者则步幅较小。如果你个子较高，而且想要提高自己的配速，那就练习逐渐增大自己的步幅。相反，如果你个子较矮，而且也想提高自己的配速，那就要把关注点放在你的力量上面，练习提升自己的步频。

大步
如果你身材颀长，可以通过增大步幅来提高自己的配速。不过，也不能把步子迈得过大，否则可能会造成肌肉拉伤。

小步
如果你的身材属于短小精悍型，可以通过提升步频来提高自己的配速，充分发挥自己的优势，也就是肌肉的力量，小步快跑。

并让自己保持放松。小步快跑能够让你保持自然、放松的跑步姿势，这种姿势会让你的双脚轻轻落地，不至于造成太大的冲击。不过，这并不意味着你要刻意让双脚轻轻落地，只要在提升步频的同时保持放松，你就能做到轻轻落地。这种落地方式有助于肌肉快速恢复到正常状态。

发挥自身的优势

不要担心自己的体型。你的目标应该是充分发挥自身的优势，通过训练努力做到最好。你可以通过逐渐增大步幅或提升步频来提高自己的配速。不过，最好两者取其一，基于自己的体型和训练强度选择一种，不要鱼和熊掌试图兼得。

不同的体型会有不同的跑步方式，但每种体型都能跑得很好。你只需找到自身的优势，然后不断强化这种优势就行了。如果你和保拉·拉德克里芙（Paula Radcliffe）一样是个瘦高个儿，属于外胚型，那就把训练的重点放在增大步幅上，通过放松地迈大步提高自己的配速。如果你和琼·本诺伊特·萨缪尔森（Joan Benoit Samuelson）一样，拥有短小精悍的

步频

下面的两名跑者体型不同，优势也不同。上面的这名外胚型跑者追求的是迈大步，逐渐增大自己的步幅，而下面的这名中胚型跑者追求的是小步快跑，逐渐提升自己的步频。两名跑者跑完两棵树之间的距离所用的时间是完全一样的，所以无所谓孰优孰劣。

瘦高个儿
这名跑者的脚步非常有力。在既定的距离内，她巧妙地增大了自己的步幅，迈出了六大步。

肌肉发达的小个子
这名跑者提升了自己的步频。在同样的距离内，她快速迈出了七小步。

体型（中胚型或内胚型），那就把训练的重点放在提升步频上，通过小步快跑提高自己的配速。

训练时的配速

决定配速的因素除了你的心血管健康状况，还包括你跑步时的步幅和步频，或者说你跑完给定距离所需的步数。训练时的配速应该是你感觉最舒服、最自然的配速，你必须要做到可以边跑步边聊天。

通过记录每跑1.6公里所需的时间，你可以计算出自己的最佳训练配速。在最佳训练配速下，你应该做到全程都可以边跑步边聊天，平时训练时不要进入无氧运动状态（包括爬坡训练和间歇训练）。

计算方法是这样的：设计一个非常典型的跑步路线，距离就是你训练时最常跑的距离。如果你通常都是跑8公里，那就在地图上规划一个刚好8公里的路线，以便让误差最小。然后用可以轻松聊天的配速跑完这条路线，记下你所花费的时间（分钟数）。一定不要跑得比平时快，否则你记录的数据就不准了。把这个时间除以8（如果是英里，就除以5），就得到了你的平均训练配速。比如说，你一共花了50分钟跑完了8公里，那么你的训练配速就应该是每公里6分15秒。

比赛时的配速

比赛时的配速应该比训练时的配速略快一些。依据经验法则，平均而言，比赛时的配速应该比训练时的配速每1.6公里快1分钟。也就是说，如果你的训练配速是每公里6分15秒，那你比赛时的目标配速应该是每公里5分40秒。由此可见，第一次参加马拉松比赛的跑者应该全程用训练配速跑完——只要能完成比赛就足够了。

达成比赛时的目标配速是一个很微妙的事情，你需要稍微增大自己的步幅和提升自己的步频，两者的增幅都不要超过10%。这个小小的增幅是你完全可以承受的，能够确保你安全地完成整个比赛。如果超过了这个增幅，你会感觉很不自然，最终会跑得筋疲力尽，甚至出现运动损伤。

示例：训练配速和比赛配速对照表

为了避免出现运动损伤和肌肉劳损，你的比赛配速最多每1.6公里比训练时快1分钟。你可以通过下面的对照表了解这个细微的配速增幅。左侧的表用的是公里，右侧的表用的是英里。时间精确到分钟。

距离	训练配速	比赛配速
	每公里6分15秒	每公里5分40秒
1.6公里	10分钟	9分钟
5公里	31分钟	28分钟
8公里	50分钟	45分钟
10公里	1小时2分钟	56分钟
21公里	2小时11分钟	1小时58分钟
42.1公里	4小时22分钟	3小时56分钟

距离	训练配速	比赛配速
	每英里10分钟	每英里9分钟
1英里	10分钟	9分钟
3.1英里	31分钟	28分钟
5英里	50分钟	45分钟
6.2英里	1小时2分钟	56分钟
13.1英里	2小时11分钟	1小时58分钟
26.2英里	4小时22分钟	3小时56分钟

注：6分15秒/公里=10分钟/英里；5分40秒/公里=9分钟/英里

训练配速和比赛配速

训练配速指的是你平时跑步常用的配速。这是你觉得很自然、也很舒服的配速。比赛配速与训练配速不同，它只是一次性的。你的目标是平均每跑1.6公里比训练时快1分钟，需要注意的是，你要非常巧妙地增大自己的步幅，提升自己的步频。

训练配速应该是可以边跑步边聊天的速度（体感强度6级），此时你的身体应该感觉很舒服。步幅和步频都让你觉得很自然，永远不会有超负荷的感觉。你可以基于自己的训练配速计算出合理的比赛配速。

在比赛时，你可以将步幅和步频提升10%，不过这是上限，永远不要让自己觉得肌肉都要被拉伤了。你的体感强度可以提升到7级。此时你每跑1.6公里会比训练时快1分钟。

损伤和运动过度

跑步能让你知道自己的骨骼有哪些弱点，不过，我总把身体出现的疼痛感视为一种危险的信号，它们一出现，我就知道自己可能训练过度了。跑步是一种重复性很强的运动，它会不断对身体造成冲击。如果身体的某个特定区域需要更多的恢复时间，这个区域一定会传递信号出来，及时响应这种信号有助于预防慢性损伤。

技巧和损伤

损伤并不是跑步技巧不好导致的结果，而是身体的弱点逐渐显现的结果。很多因素都会让损伤变得更加严重，比如训练过度、快速下坡、跑步路面太硬或者长期跑同样的路线等。一定要留意轻微的疼痛感，这是损伤出现的征兆，一旦出现这种情况，务必及时调整自己的训练计划。

小心脚下

很多时候，跑步受伤只是因为运气不好罢了，所以一定要时刻小心脚下。留意人行道上的裂缝、暴露在外的树根以及道路上的异常情况，它们都可能把你绊倒，对你造成严重的伤害。跑步时一脚踩空或者失去平衡是造成脚踝扭伤的主要原因（参见下文的预防性练习）。

跑步时还应该避免快速冲下坡道，否则无疑是为噩梦般的骨科手术奏响了序曲，此外，冲坡对心血管系统也没什么好处。当时你可能感觉很爽，风从耳边呼啸而过，但往下冲的每一步都有很大的落差，而且你会一直处于加速状态；下坡对身体的冲击力远远大于在平地上跑步或者爬坡时的冲击力，你的肌肉和关节都会承受巨大的压力，面临巨大的风险，尤其是那些可能导致背部受伤的肌肉和关节。

骨和软骨损伤

通常很难判断疼痛到底是软组织（肌肉或肌腱）受伤造成的还是骨或软骨受伤造成的。如果是后者，情况就会非常严重，你需要立即休息并去看医生。如果疼得比较厉害，而且伴随着肿胀或瘀伤，你最好假定是骨或软骨受伤了。如果从起跑开始疼痛感就持续不断，或者主要是某个关节（包括膝关节、踝关节、髋关节或趾关节）周围一直很疼，你应该立即停止跑步，并立即去看医生。你需要休养的时间可能长达六周，在这期间你肯定不能再跑步了，否则就可能对身体造成永久性的伤害（参见下文的骨折部分）。

肌肉拉伤

虽然肌肉拉伤没有骨损伤那么严重，但也会非常疼，而且同样需要最多长达六周的休养。肌肉拉伤后不要试图瘸腿走路，这对心血管系统没有任何好处。事实上，走路姿势的改变甚至可能伤到其他部位。

如果感觉身体出现了轻微的劳损（还不是疼痛），要尽早采取行动，别让劳损变成损伤。减少跑步量，调换到对身体冲击力较小的训练方式，比如游泳或骑行。此外，还可以通过下面的拉伸和强化练习预防损伤。

平坦的路面更安全

平坦的路面有助于吸收跑步对身体造成的冲击力，从而将受伤的可能性降至最低。塑胶跑道就是非常不错的选择。

预防损伤

跑步引发的损伤可能出现在很多部位，但最常见的是双脚、脚踝、胫部、膝盖、后背和髋部，损伤的类型通常是骨损伤和软骨损伤，或者是软组织和肌肉拉伤。如果很清楚自己哪些部位最容易受伤，可以提前采取必要的预防措施。留意自己的身体发出的信号，比如轻微的疼痛，利用下面的这些技巧和练习可以防止损伤恶化。

外胫夹：成因和症状

外胫夹是一个统称，指的是出现在小腿前方的疼痛，这种劳损在跑者中比较常见。研究人员还不是很确定到底是什么导致了外胫夹，但很多专家认为，每周跑步距离或强度的突然增加是导致外胫夹的主要原因。

在年轻跑者中，外胫夹的成因可能是胫骨前方下部出现了应力性骨折，也就是说骨头表面出现了微小的裂缝；在成熟跑者中，出现疼痛的原因有时是因为胫骨肌肉周围的腱鞘从胫骨上脱落了。

外胫夹：预防和纠正

要想预防外胫夹，必须首先避免突然增加跑步的距离和强度，同时还要经常拉伸胫部。如果胫骨上出现的发丝状裂缝导致了外胫夹，应该立即停止跑步，好好休养并寻求医生的帮助。要想让胫骨彻底愈合，需要休养六周，在此期间应停止跑步，也不得进行任何高强度的运动。

如果出现了肌肉炎症等软组织问题，或者说腱鞘从胫骨上脱落了，可以对胫骨进行冰敷和按摩，同时好好休息。找一块干净的布，包上冰块按摩胫骨，先按住一会儿，然后拿开，让胫骨的温度慢慢回升，随后重新冰敷，重复这个过程。这么做有助于缓解软组织的酸痛感和炎症，并通过加快血液循环起到治愈效果，此外，这么做也有助于腱鞘和胫骨的重新连接。

骨裂和热点

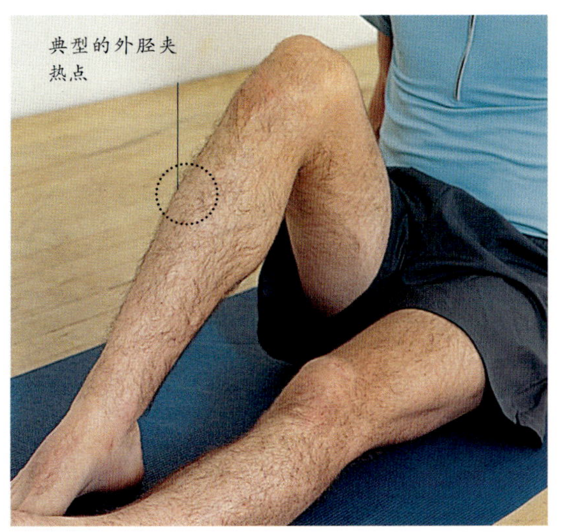

骨裂指的是骨头表面出现了微小的裂缝，裂缝的宽度就跟头发丝一样，如果出现了发丝状裂缝，你可能连续六周都没法跑步了。幸运的是，这种骨裂会提前发出报警信号，这个信号就是“热点”。之所以叫这个名字，是因为出现裂缝的点通常感觉比较热，也特别敏感，一碰就疼。

最初的疼痛感可能稍纵即逝，但最终会发展成持续性疼痛。出现“热点”后，要立即休息，在接下去的两周里，你只能做一些对身体没有冲击力的有氧运动。待这个“热点”区域愈合后，你就可以继续跑步了。但如果你带着“热点”跑步，很可能会造成更严重的骨折，而且可能很长一段时间都不能再跑步了。

预防外胫夹的拉伸练习

拉伸和放松紧绷的胫部肌肉有助于预防外胫夹。如果你近期增加了跑步的距离或强度，那就应该每天做这个拉伸练习。如果你感觉到了“热点”，那胫骨表面可能已经出现了微小的裂缝，应立即休息，并去看医生。

1 找一个柔软的表面，比如地毯或者瑜伽垫，跪在上面，上身挺直，双手放在大腿上。双脚分别放在身体的两侧，胫部前方紧贴瑜伽垫。

2 把臀部放在两个脚跟之间，向后坐好，保持这个姿势10～15秒，然后放松。重复做3～5次。

膝盖损伤

年轻的时候，我总觉得自己的膝盖是不可摧毁的。它们看起来非常坚固耐用：我的膝盖骨很大，而且膝盖从没出过问题。可是，刚过50岁，问题就来了：右侧膝盖的软骨已经磨损殆尽。当然，当时我已经跑步很多年，就像跑鞋一样，膝盖的寿命也是有限的。不过，利用下面的这些缓解措施和预防性练习，你可以有效延长拥有健康膝盖的时间。

成因和症状

膝盖损伤在跑者中比较常见，绝大部分跑者都会遇到这样那样的膝盖问题，只不过出现的时间不同罢了。最常见的膝盖损伤是由膝盖骨后面的软骨磨损造成的，软骨的作用是缓冲压力、润滑关节、避免骨头与骨头之间直接产生摩擦。如果软骨已磨损殆尽，必然会带来剧烈的疼痛。我遇到的情况就是右侧膝盖软骨已经被磨得所剩无几了。

如果保持膝盖稳固的软骨出现拉伤、撕裂或错位，也会导致膝盖疼痛。由于膝盖的稳固性受到影响，所以会疼得很厉害，而且跑起来会很不舒服。

膝盖外侧的疼痛可能是髂胫束综合征（ITBS）造成的，具体来说就是髂胫束缺乏力量或灵活性。髂胫束是阔筋膜在大腿外侧增厚形成的一纵行带状腱膜，与胫骨外侧直接相连，而胫骨就位于膝盖下方。跑步时髂胫束有助于保持膝盖的稳定性，但跑步动作带来的摩擦可能会刺激髂胫束，导致疼痛。

关于护膝

就缓解膝盖疼痛而言，有时候护膝非常有效。护膝分为好几种，但大部分护膝的作用都是保护膝盖、支撑膝盖或者限制关节的活动范围。

通常来说，膝盖出现损伤后戴护膝是最有效的，特别是膝盖前部出现损伤时，但有些运动员平时也戴护膝，算是一种预防措施。一般的护膝在药店就能买到，但如果你需要更个性化的护膝，就得去找医生定制了。如果膝盖疼痛的持续时间超过了一个星期，就必须要去看医生了。

预防和纠正

与专业长跑运动员不同，大部分休闲跑者的跑量不会那么大，所以膝盖软骨磨损殆尽的情况在休闲跑者身上不太可能出现。尽管如此，采取必要的预防措施依然是明智的选择。要想防止膝盖早衰和疼痛，就要多加练习，比如下面的这个动作就能强化肌肉的力量，有助于保持膝盖的稳定性。此外，跑步时戴上护膝也有稳定膝盖、减缓疼痛的效果，这种护膝在任何高品质的运动专卖店里都能买到。在极端情况下，膝盖的问题可能已经非常严重，此时一定要向医生寻求帮助，因为你可能需要去做一个矫正手术了。万幸的是，某些特定类型的膝盖手术并不复杂。

如果患有髂胫束综合征，下面的这个练习动作对你来说可能太疼了，你可以降低跑步的频率，改做第二章介绍的髋部拉伸和侧卧股四头肌拉伸动作，同时经常给膝盖做做冰敷。

膝盖损伤预防练习

预防膝盖损伤的关键是强化稳固膝盖的肌肉。这个练习能够减少膝盖骨的非正常移动，同时也能缓解冲击。对于患有髂胫束综合征（膝盖外侧疼痛）的跑者来说，这个练习就不太适合了。

1 坐在凳子或椅子上，挺直后背，双手握住凳子或椅子的两侧，缓缓抬起右腿，直到它与身体呈90度。

2 让右腿在这个位置保持10～30秒，或者直到你感觉膝盖周围的肌肉出现烧灼感，然后放松，换腿。每侧重复3～5次。

背部和髋部疼痛

背部疼痛可能有很多原因，比如骨骼出现了问题、神经受到了抑制或者肌肉出现了痉挛。背部疼痛和髋部疼痛在跑者中都比较常见，而且两者往往密切相关。如果梨状肌绷得太紧，就会导致腰部疼痛，脊椎骨受压也会导致腰疼。不过，如果背部疼得厉害，就要去看医生了。

成因和症状

肌肉劳损是造成背部疼痛的最主要原因，这种成因的背疼也是最不严重的。跑步带来的持续冲击会让腰部绷得很紧，这种紧绷的状态会让人感到不适。腰疼的最主要原因之一是梨状肌综合征，事实上，这种疼痛的根源在臀部的梨状肌。跑步是一种持续性的运动，这种运动会让髋部的肌肉变得非常紧张，绷紧的梨状肌很可能出现炎症。肿胀的肌肉会对坐骨神经造成压力，这种压力会沿着臀部往下延伸到腿部，导致腰部、髋部、臀部和一条腿都感觉很不舒服。

背部疼痛的另一个成因也与神经受到挤压有关，只不过源头不在肌肉，而在骨骼。脊椎的节与节之间的“软垫”叫椎间盘，在跑步时能起到缓冲作用。与梨状肌综合征一样，当椎间盘受到挤压时，这种压力会传递给脊神经根，造成痉挛性疼痛。

要想知道背部神经是否受到了挤压，只要找一个朋友帮你检查一下大脚趾的力量就行了。坐在地上，把双腿朝前伸直，保持脚跟着地，让朋友抓住你的大脚趾，轻轻地往下掰，与此同时，你尽量抵抗，不要让朋友把大脚趾掰倒。如果大脚趾的力量比较弱或者很快就被朋友掰倒了，那就说明你的背部神经很可能受到挤压了。

保持良好的身体姿势

糟糕的身体姿势也会导致背部疼痛。单腿支撑身体、站着或坐着时低头垂肩、严重驼背都会让肌肉绷得很紧，进而对背部造成压力。每个人的身体都不一样，因此所谓良好的姿势也因人而异。不过，无论如何，从侧面看时，脊柱都应该呈现为紧凑的S型。为了保持良好的身姿，你可以想象把脊椎之间的空间拉长。站直身体有助于减小背部肌肉和骨骼受到的压力。普拉提和亚历山大技术（Alexander Technique，一种使运动机能和心理机能得以协调和康复的身体训练方法。——译者注）也有助于保持良好的身姿。

预防和纠正

放松是缓解大部分背部疼痛的关键所在。如果患有梨状肌综合征，你可以尝试下面介绍的梨状肌拉伸练习。这个动作能够放松和拉长臀部的梨状肌，减轻炎症，进而缓解坐骨神经承受的压力。

背部放松练习也有助于缓解脊椎受压导致的疼痛。当脊椎受到压迫时，受压神经周围的肌肉会绷得很紧，让你感受到剧烈的疼痛。在拉伸腰部的同时让脊柱紧贴地面，想象一下腰部肌肉得到放松和脊椎被拉长的情形。不过，如果疼痛一直持续，那就去看医生吧。

梨状肌拉伸

如果你经常腰疼，那罪魁祸首很可能是梨状肌。每天做做这个拉伸动作可以让臀部深处的梨状肌不再绷得那么紧，从而让腰部得到放松。为了避免疼痛加剧，做这个拉伸动作时不要用力太猛。

仰卧在瑜伽垫或地毯上，弯曲右侧的膝盖，把左手放在小腿上，轻轻地把小腿拉到身体的左侧，感受髋部和臀部的拉伸效果。保持这个姿势10～30秒，然后放松；换腿。每侧重复3～5次。

背部放松练习

绷紧的腰部会导致疼痛，具体表现就是痉挛或者隐隐地疼。很多备受背部疼痛煎熬的人发现，如果与温和的练习相结合，心理因素也能发挥作用。下面的这个动作就比较温和，在练习时可以同时想象背部得到放松的情形。

仰卧在瑜伽垫或地毯上，朝胸部方向弯曲右侧的膝盖。双手环抱住膝盖下方的位置，把右腿拉向自己的身体。放松背部，让背部与瑜伽垫或地毯自然贴合，保持这个姿势10～30秒，然后放松；换腿。每侧重复3～5次。

脚部损伤和脚踝损伤

一定要善待你的双脚，因为你跑步可得靠它们呢！足弓、脚踝和趾甲出现问题以及真菌感染都会对脚部造成不良影响，所以，一定要做好预防措施，否则你的跑步大计就得搁浅了。下面要介绍的这些预防措施有利于保持双脚的健康。如果你想知道什么样的鞋子最适合自己，可以参考第一章的内容。

成因和症状

最常见的脚部和脚踝问题包括踝关节扭伤、水泡、趾甲内生（嵌甲）、足弓酸痛、拇外翻（拇囊炎）和真菌感染。不过，只要稍加注意，这些问题都很容易避免。

预防和纠正

踝关节扭伤通常是在不平整地形上跑步时一脚踩空造成的，当然也可能是因为你的脚踝本来就没劲儿，如果是后者，只要勤做力量练习就可以了。水泡是因为鞋子磨脚造成的，真菌感染则是因为袜子或鞋子里面湿气太重。趾甲内生会很疼，因为趾甲的两侧长到了皮下的软组织里，剪趾甲的方法不对是造成趾甲内生的原因。拇外翻跑者的大趾关节处会看到明显的肿块，这可能是一种遗传性结构缺陷，也可能是因为鞋子太紧造成的。最后再说说足弓酸痛，这很可能是因为足弓太高造成的，高足弓通常力量不足，容易塌陷。你可以借助下文介绍的练习动作强化脚部和脚踝的力量。

脚部护理建议

跑步时脚部会承受巨大的冲击力，所以一定要呵护好你的双脚。一定要穿合脚的袜子和鞋子，因为不合脚的袜子和鞋子会带来很多问题，比如水泡，比如拇囊炎。你还应该好好修剪自己的趾甲，不要让疼痛难忍的趾甲内生困扰你。跑步前记得给双脚做润滑处理，比如涂抹凡士林。不跑步时一定要保持双脚干燥，避免真菌滋生。如果脚部已经出现真菌感染，一定要记得及时进行药物处理，对付真菌的非处方药和处方药都很容易买到。如果出现了足弓酸痛或者脚踝无力的情况，试试下文介绍的力量练习。如果足弓酸痛一直持续，应去找专业人士咨询，及早使用带有足弓支撑的鞋垫。

预防趾甲内生

剪趾甲时要横向直剪，以防止趾甲内生。永远不要把趾甲左右边缘剪得太多、太贴近肉，因为这么剪的结果就是趾甲反而会往肉里面长。

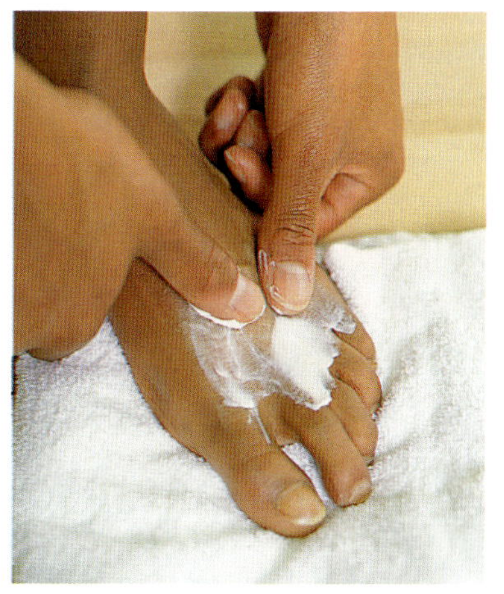

预防水泡

通过给双脚涂抹凡士林或保湿霜可以防止出现水泡，因为这样可以减小脚部和袜子、鞋子之间的摩擦。

脚部和脚踝强化练习

下面的这些练习动作非常有利于脚部和脚踝的健康，而且还有预防损伤的效果。如果你能每天练习一番，那就最好不过了。

练习用脚趾去捡玻璃球能够全面强化脚部的力量。每天每只脚练习5分钟左右，这个动作对脚趾和足弓的肌肉都是个挑战。提醒一下：这个动作可没有看起来那么容易哦。

坐在椅子上，用单脚赤脚踩住网球，前后移动踩球脚，使球在足底沿前后方向滚动。每天每只脚练习3~5分钟，这个动作能够化解结疤组织上的小结节，抑制肌肉收缩，进而对脚部的肌肉起到放松作用，这样足弓伸展的时候就不会出现劳损了。

这个练习可以强化足弓和脚踝的力量。把揉成一团的毛巾扔在地上，把身体靠在墙上或牢固的家具上保持平衡。尝试用脚趾把毛巾捡起来，捡起来之后把脚踝按顺时针方向转一圈，然后再按逆时针方向转一圈，重复3~5次。换脚，重复同样的动作。

足底筋膜炎：成因和症状

足底筋膜炎在跑者中是一种非常常见的软组织疾病，主要症状就是脚跟和足弓疼得厉害。这种疼是断断续续的，走路时还会加剧，如果一段时间不运动，症状还会进一步恶化。

足底筋膜是连接脚后跟和脚趾的软组织，足弓也是靠这种软组织支撑起来的。如果筋膜被过度拉伸出现断裂，就会引发足底筋膜炎。筋膜是跑步时的受力点，不断重复的跑步动作会给这个点带来巨大的压力，此处的血流量相对也少。日常的刺激使得这个部位的损伤难以愈合，出现筋膜撕裂的可能性较大。

足底筋膜炎：预防和纠正

足底筋膜炎是每个跑者的噩梦，一旦患病你就必须彻底停止跑步，而且休养时间可能长达半年。患病后一定要去看医生，并听从医生的建议。在整个恢复期间，你都应该定期按摩脚部并对发炎部位进行冰敷。为了预防足底筋膜炎，在首次出现疼痛迹象后就应该减少跑步量，并按照下文介绍的方式对脚部进行预防性拉伸和舒缓按摩。

在长达半年的恢复期里，不要觉得你必须停止一切运动。你还可以通过其他的有氧运动方式保持锻炼，继续提升自己的健康水平。如果你家附近有游泳馆，那就去游泳吧。游泳也是一种不错的锻炼方式！

足跟骨刺经常会出现在这里

足跟骨刺：成因和症状

这种情况会伴随着脚跟或足弓疼痛，有时候两者会同时出现。足跟骨刺的症状跟足底筋膜炎几乎完全一样。当损伤导致筋膜撕裂时，就会形成足跟骨刺；来自撕裂组织的血滴成为足跟骨的组成部分。随后出现的足跟骨刺其实是人体对受损足跟骨的一种自我修复，形成的新骨感觉就像是一些小的结节。当脚部与地面接触时，这些小结节周围的组织就会出现剧痛。

足跟骨刺：预防和纠正

出现骨刺的地方会变得肿胀，要想缓解这种症状，可以对受伤部位进行冰敷，每次10分钟。此外，你也可以使用具有缓震作用的鞋跟垫片或者借助矫正鞋垫为足弓提供支撑，从而防止筋膜出现细小的裂缝。如果骨刺疼得非常厉害，可能需要通过手术将之切除。为了预防足跟骨刺，一定要穿具有良好足弓支撑的鞋子，而且跑步后要对脚部进行必要的舒缓按摩。

足底筋膜炎：虽然其症状与足底骨刺非常像，但足底筋膜炎的疼痛部位更靠近足弓，而不是足跟。足跟骨刺的疼痛部位则主要在足跟周围。

预防和缓解足底筋膜炎及足跟骨刺的练习

下面的这两个练习有助于预防和缓解足底筋膜炎及足跟骨刺。预防性拉伸练习有助于保持足弓组织的柔韧性，防止出现细微的撕裂。按摩有助于缓解足底筋膜炎的症状，同时能够防止足跟骨刺的形成。

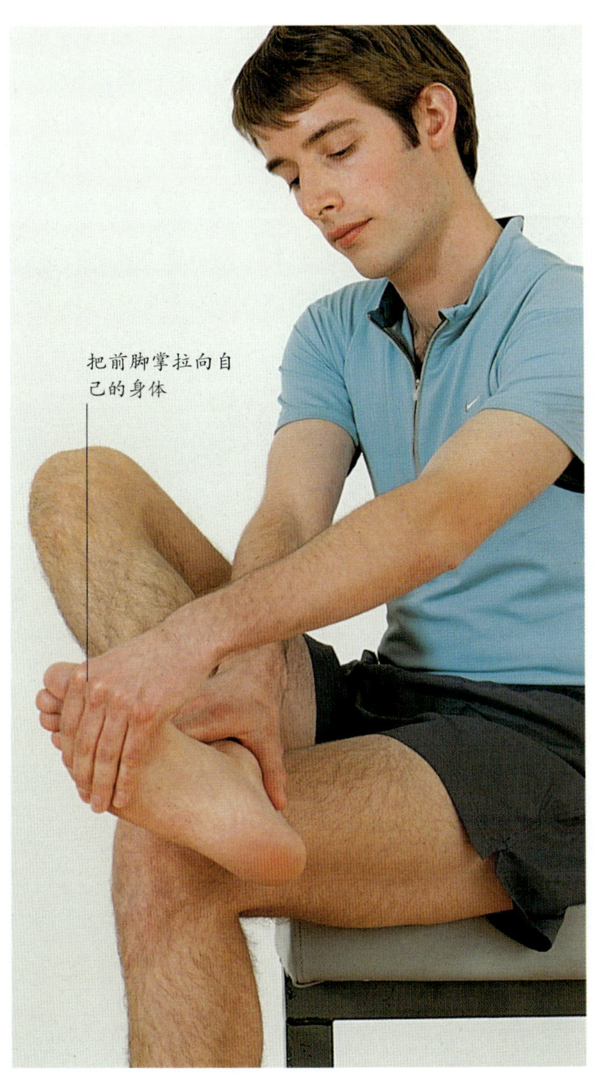

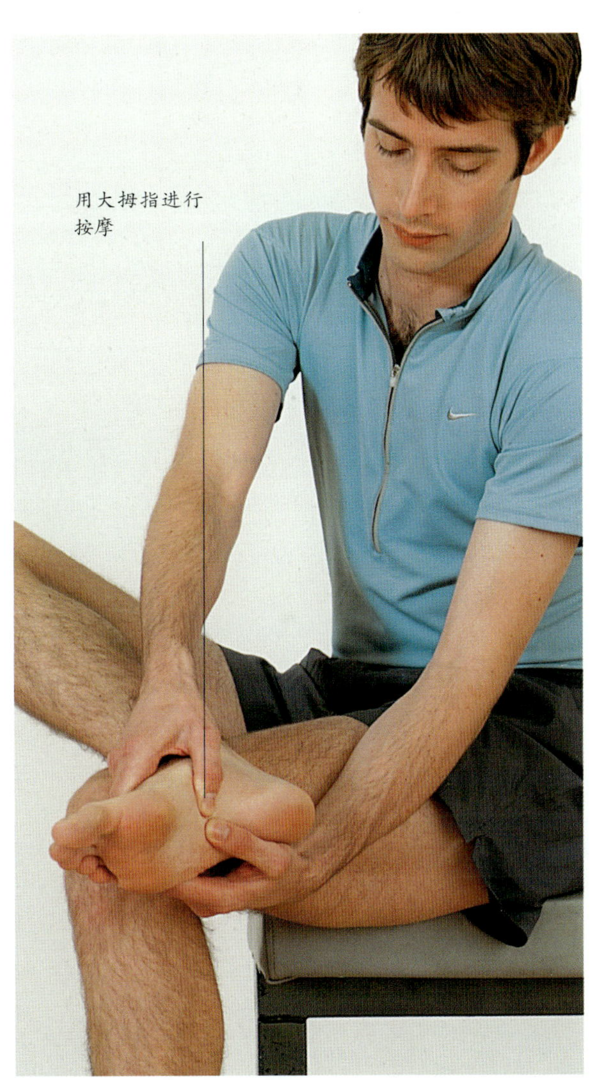

预防性拉伸

为了保持足弓的柔韧性，可以每天做这个拉伸练习，帮助预防足底筋膜炎和足跟骨刺。把一条腿架在另一条腿上，用手握住前脚掌，轻轻地把它拉向你的身体。保持这个姿势10～30秒，然后休息。换脚重复练习，每只脚做两次拉伸。

舒缓按摩

为了缓解足底筋膜炎带来的疼痛感，可以用大拇指前端的指肚按摩发炎部位。为了防止骨刺的形成，首先要做的就是每天轻轻按摩两个足弓，横向按摩和纵向按摩都要做。

保持计划

如果你已经达到了中级跑者的水平，但近期并不会参加比赛，通过自我指导就可以保持住自己的健康水平，同时又不至于让自己训练过度。这种持续性的训练要求你学会给自己打气，因为暂时没有一个比赛目标带给你训练的动力。

这个计划包含多种要素，基于时间的跑步、基于距离的跑步、间歇跑和替代性的锻炼方式，比如骑行、游泳和混合体能训练等，训练的目的是提高心率。根据训练的强度不同，可以把保持计划的所有时间分为四种类型，换句话说，也就是依据训练时要达到的最大心率百分比进行划分。

休息日：利用这些时间恢复身体，把训练量降到最低；最多每周做1～2次的力量练习。

轻松/非常轻松的训练日：跑步/慢跑，训练心率顶多为最大心率的60%；你应该保持可以边跑步边聊天的配速。这些训练日也有助于你的身体恢复，所以要有意识地限制自己的训练强度。

中等强度的训练日：训练时的心率为最大心率的60%～70%。在这个强度下你的呼吸会稍显急促，但依然可以与别人交谈。

高强度/非常高强度的训练日：最多可以把自己的训练心率提到最大心率的90%，具体取决于你的健康状态/能力。如果你还不想做间歇训练，可以每周跑一次16.1公里，而且要以自己能够承受的最大强度去跑。

要记住几点。首先，学会了解自己的身体：要想让训练变得高效，学会辨识自己的训练强度非常关键。其次，只要计划中提到训练量至少要达到多少，你在实际训练中就可以持续进行，直到自己感觉已经足够为止——不要训练过度。最后，你完全可以依据自己的需求对这个计划进行调整。只要你能在轻松训练日和高强度训练日之间找到平衡，同时给身体留出充足的恢复时间，并穿插一些替代性的训练方式，那就足够了。

第1周	第1天 轻松跑，9.7公里	第2天 休息日+力量训练（可选）
第2周	第8天 至少30分钟的替代性练习（比如交叉训练、骑行、游泳）	第9天 9.7~11.3公里，心率达到最大心率的60%
第3周	第15天 轻松跑11.3公里	第16天 跑9.7公里，心率达到最大心率的60%
第4周	第22天 轻松慢跑30分钟+至少30分钟的替代性练习	第23天 跑9.7公里，心率达到最大心率的60%
第5周	第29天 轻松慢跑30分钟+至少30分钟的替代性练习	第30天 跑12.9公里，心率达到最大心率的60%~70%
第6周	第36天 轻松慢跑30分钟+至少30分钟的替代性练习	第37天 跑14.5公里，心率达到最大心率的70%
第7周	第43天 轻松慢跑30分钟+至少30分钟的替代性练习	第44天 跑14.5公里，心率达到最大心率的70%
第8周	第50天 轻松慢跑30分钟+至少30分钟的替代性练习	第51天 跑14.5公里，心率达到最大心率的70%

休息日　　中等强度的训练日
轻松/非常轻松的训练日　　高强度/非常高强度的训练日

第3天	第4天	第5天	第6天	第7天
至少跑9.7公里，心率达到最大心率的60%	非常轻松的慢跑，40分钟	休息日+力量训练（可选）	休息日+力量训练（可选）	慢跑3.2～4.8公里热身；2次持续2分钟的快跑，心率达到最大心率的80%（恢复时间3分钟）
第10天	**第11天**	**第12天**	**第13天**	**第14天**
轻松慢跑40分钟	至少30分钟的替代性练习（比如交叉训练、骑行、游泳）	轻松跑4.8公里+4.8公里快跑，心率达到最大心率的70%～75%	休息日+力量训练（可选）	慢跑3.2公里热身；2次持续2分钟的快跑，心率达到最大心率的90%（恢复时间2分钟）
第17天	**第18天**	**第19天**	**第20天**	**第21天**
至少30分钟的替代性练习（比如交叉训练、骑行、游泳）	休息日+力量训练（可选）	轻松跑4.8公里+4.8公里快跑，心率达到最大心率的70%～75%	非常轻松的慢跑，6.4公里	慢跑3.2公里热身；2次持续2分钟的快跑，心率达到最大心率的90%（恢复时间1.5分钟）
第24天	**第25天**	**第26天**	**第27天**	**第28天**
轻松慢跑40分钟	休息日+力量训练（可选）	轻松跑4.8公里+4.8公里快跑，心率达到最大心率的70%～75%	非常轻松的慢跑，6.4公里	慢跑3.2公里热身；3次持续3分钟的快跑，心率达到最大心率的80%～90%（恢复时间3分钟）
第31天	**第32天**	**第33天**	**第34天**	**第35天**
非常轻松的慢跑，40分钟	休息日+力量训练（可选）	跑11.3公里，心率达到最大心率的75%	非常轻松的慢跑，6.4公里	慢跑3.2公里热身；4次持续3分钟的快跑，心率达到最大心率的80%～90%（恢复时间3分钟）
第38天	**第39天**	**第40天**	**第41天**	**第42天**
非常轻松的慢跑，40分钟	慢跑3.2公里热身；4次持续3分钟的快跑，心率达到最大心率的80%～90%（恢复时间3分钟）	休息日+力量训练（可选）	非常轻松的慢跑，6.4公里	慢跑3.2公里热身；6次持续1分钟的快跑，心率达到最大心率的90%（恢复时间1分钟）
第45天	**第46天**	**第47天**	**第48天**	**第49天**
非常轻松的慢跑，40分钟	慢跑3.2公里热身；2次持续2分钟的快跑，心率达到最大心率的90%（恢复时间2分钟）	轻松慢跑30分钟+至少30分钟的替代性练习	非常轻松的慢跑，6.4公里	慢跑3.2公里热身；7次持续1分钟的快跑，心率达到最大心率的90%（恢复时间1分钟）
第52天	**第53天**	**第54天**	**第55天**	**第56天**
非常轻松的慢跑，40分钟	慢跑3.2公里热身；3次持续3分钟的快跑，2次持续2分钟的快跑，2次持续1分钟的快跑，心率达到最大心率的80%～90%（恢复时间3分钟）	非常轻松的慢跑，40分钟	跑8公里，心率达到最大心率的60%	慢跑3.2公里热身；8次持续1分钟的快跑，心率达到最大心率的90%（恢复时间1分钟）

第五章
高阶跑和精英跑

经过大约一年的跑步训练后，你可能会发现，尽管自己跑的距离增加了，但配速却一直停滞不前。在我看来，这是因为你的心血管系统功能已趋于稳定——我自己喜欢把心血管系统称为“能量传输系统”。仅就身体健康状况而言，你与专业的国际运动员已经没什么区别了。为了让你的跑步成绩得到进一步提升，现在，是时候给你介绍下无氧训练了。不过，不用担心，每周进行一次这样的训练就足以看到效果了。

间歇训练

经过一年的持续训练后，很多跑者发现：虽然跑的距离更长了，但自己的配速好像进入了一个稳定的水平，很难继续提升了。据我所知，间歇训练是提升整体配速（包括慢跑和快速跑）最有效的方式。这种训练旨在改善转接点的生理过程，所谓转接点，就是动脉和静脉输送血液到肌肉的地方。

什么是间歇训练?

间歇训练包括两个部分，首先是持续1～4分钟的短距离快速冲刺，此时的训练心率可以达到跑者最大心率的80%，精英运动员还可以提得更高一些。这些冲刺就是所谓的“间歇”。每完成一次冲刺，跑者就会开始慢跑（不是走），直到配速降到可以边跑步边聊天的配速，心率降到最大心率的60%，这段时间被称为“恢复性慢跑”。

间歇训练是如何发挥作用的?

间歇训练是通过增加你的最大摄氧量发挥作用的。所谓最大摄氧量，指人在最大心率下进行训练时身体能够摄入和使用的氧气量。最大摄氧量越大，说明身体越健康。跑步高手和精英运动员之所以能比跑步新手跑得更快、训练更勤，正是因为他们的最大摄氧量比跑步新手大多了。通过间歇训练，可以增加最大摄氧量，提升身体使用氧气的能力，进而提高有氧运动状态下的配速。

间歇训练能够提高有氧训练的配速还有一个原因：这种训练可以改善心血管系统（也就是我说的“能量传输系统”）的功能，让你的身体能够更有效地将富含氧气的血液传输到与训练密切相关的肌肉群。

聚焦间歇训练的强度：利用联结（参见下文）把精力聚焦在间歇训练时的最佳表现上。

安排好你的间歇训练计划

通常来说，安排间歇训练计划时要给自己一点期待和一点兴奋感，但又不能让自己担惊受怕。换句话说，间歇训练计划既要有挑战性，又要切实可行，在自己能力承受范围之内。每周进行一次间歇训练，把它作为强度非常大的训练项目之一，强化自己的信心，让自己每周都有超出预期的表现。

如何进行间歇训练？

你每周只需要进行一次间歇训练，即便是精英运动员，每周进行间歇训练的次数也不会超过两次。如果超过两次，那肯定就训练过度了。

在训练时，短距离高强度冲刺的持续时间最短可以是1分钟，最长也不要超过4分钟。4分钟是你进行无氧训练持续时间的极限了。要达到这个状态需要一些时间，所以只有时间更长的间歇冲刺才会带来超过3分钟的无氧训练。完成冲刺后，可以通过恢复性慢跑逐渐调整到可以边跑边聊天的配速，同时把心率降到每分钟120次。恢复性慢跑的时间可以是加速冲刺时间的2倍，随着你变得越来越强，恢复性慢跑的时间也会逐渐缩短。恢复得越快，说明你的身体越健壮。每次进行间歇训练时的冲刺次数因人而异，完全取决于自己的身体状况：身体越健壮，可以冲刺的次数就越多。

联结与分离

心理学家研究发现，运动员在跑步时通常会进入两种状态中的一种：联结或者分离。

- 在分离状态中，运动员会让自己的思绪自由飞翔，在不知不觉中就完成了跑步训练。分离的典型例子就是戴着耳机跑步。
- 在联结状态中，运动员的注意力会聚焦在当前的任务上。运动员的思绪会停留在“当下”，关注的是自己的最佳表现，就像在冲刺时一样。

对于放松跑来说，分离是一种完美的心态。在你的训练任务中，轻松跑应占到90%的比例，剩余的那10%可以留给联结状态，也就是比较艰辛的跑步训练。间歇训练是练习联结和分离的理想方式。在艰辛的冲刺阶段，聚焦在你想要完成的任务上，只要关注自己的速度就好了。随后，转为恢复性慢跑，此时可以放飞思绪，让身心放松下来。

借助电线杆的间歇训练

你可以在任何地方进行间歇训练，体育馆里、跑道上或者你家附近的道路上。电线杆是进行间歇训练时的理想标志物，因为它们之间的距离通常都是一样的。找一个有电线杆的安全路段，然后开始你的间歇训练，短距离加速冲刺、恢复性慢跑，然后再加速冲刺、恢复性慢跑，视情况重复几次这个过程。

轻松跑

首先通过慢跑热身，然后慢慢以可以聊天的节奏进行慢跑（6级体感强度），按照这个节奏从第一个电线杆跑到第三个电线杆。

艰辛的冲刺

从第三个电线杆开始进行加速冲刺，一直冲到第四个电线杆。此时的体感强度应该达到8级（精英跑者可以提高到9级）。完成这两个电线杆之间的冲刺后，放慢速度，开始恢复性慢跑。重复5～6次。

在塑胶跑道上进行间歇训练：塑胶跑道是理想的间歇训练场地，在这里，你要关注的仅仅是加速冲刺和恢复性慢跑之间的交替，因为这里没有马路牙子，没有上下坡，没有狗，也没有车水马龙。

恢复是关键

恢复性慢跑非常重要，比间歇冲刺的速度更重要。经过持续的间歇训练后，你的心率恢复到每分钟120次所需的时间会越来越短，所以你的整体配速会越来越快。配速更快是因为肌肉和血管转接点的效率提升了。

间歇冲刺时的配速其实没必要超过平时跑5公里时的配速。训练的时间久了，你的间歇冲刺配速可能会慢慢加快，但更重要的是把恢复性慢跑的配速给提上来。刚开始训练时，所有间歇冲刺的距离加起来不要超过1.6公里。在备战奥运会马拉松比赛的训练中，我跑过的最长间歇冲刺距离加起来也就4.8公里。

时间还是距离？

可以用时间或者距离来记录自己的恢复性慢跑过程，具体用哪个取决于自己的喜好。也可以用时间或距离来确定冲刺的长度，只要确保在3分钟之内能够跑完就行。就短距离冲刺而言，找到某种明显的标志物非常重要。可以选择在跑道上训练，或者在跑步机上训练，跑步机控制台的屏幕上可以显示时间和距离。如果你附近既没有跑道也没有跑步机，那就去找一个属于自己的标志系统，比如一段安静的小路，路旁有等距离排列的电线杆。

在塑胶跑道上进行间歇训练

很多精英跑者都喜欢在塑胶跑道上进行间歇训练，因为塑胶跑道非常平坦，具有良好的减震性能，而且一圈的周长是标准的400米。大部分跑道上还会用白色标记标出更短的距离间隔。

由此可见，塑胶跑道是进行间歇训练的理想场所。我在家乡训练时就选择了塑胶跑道，每次加速冲刺的距离按圈计算，然后以100米为单位进行恢复性慢跑。你也可以根据自身的喜好和能力设定加速冲刺和恢复性慢跑的距离，记得好好利用跑道上的白色标记。很多大学和中小学的校园里都有塑胶跑道，而且通常都对公众开放。进校园之前一定要先取得许可，进入跑道后要与大家的跑步方向保持一致，并且要在最外圈进行间歇训练。

法特莱克跑：又叫任意变速跑，与间歇训练类似，但要求没那么精准，跑者可根据自己的感觉随便变换跑步的速度。

最佳间歇训练小贴士

加速冲刺的距离应该大于200米，但不应超过1200米。每次进行间歇训练时，加速冲刺阶段的距离合计不应超过5公里。

在艰辛的加速冲刺阶段，体感强度应该在8级左右（最大心率的80%）。跑步高手和精英运动员可以提高到9级（最大心率的90%）。

应该把关注的重点放在缩短两次加速冲刺之间恢复性慢跑上，而不是提高加速冲刺时的速度。

每周进行一次间歇训练足以改善你的健康状况。

就提高配速而言，上坡跑训练和法特莱克跑（一种不那么严格的间歇训练，跑者可以任意变换自己的配速）几乎与间歇训练一样有效。

间歇训练计划

对于完成中级进阶的跑者和跑步高手来说，如果他们感觉已经触到了配速的天花板，但还想提高自己的配速，间歇训练就是为他们准备的解决方案。这种训练由短距离加速冲刺和随后的恢复性慢跑组成。间歇训练能够提升你的身体在无氧状态下摄入和利用氧气的能力，进而提高你在有氧状态下的跑步配速。

应尽量缩短恢复性慢跑的持续时间和距离，同时稍微增加短距离加速冲刺的次数和距离。你的身体变得越强壮，你在一次间歇训练中可以完成的加速冲刺次数就会越多，你的身体恢复得也会越快。

下面的这个训练计划只是一个参考，并不要求你严格按照计划执行。每周进行一次间歇训练（在表中用星号标注）就足以改善你的健康状况。跑步高手和精英运动员可以把每周间歇训练的次数增加到两次。本训练计划中的其他跑步训练都应该采用可以边跑边聊天的配速。

第1～4周：一开始为自己设定的间歇训练目标应该完全在你的能力范畴之内。慢慢增加冲刺的长度，同时力争缩短恢复性慢跑的时间。举例来说，第一周的间歇训练是这样安排的：先轻松慢跑6.4公里，然后进行一次持续2分钟的加速冲刺，接下来是2分钟的恢复性慢跑，然后再进行一次持续2分钟的加速冲刺。不要给自己压力，你可以自由尝试建议的时间和重复次数。你可能需要两周的时间来适应这种间歇训练，不过，到了第4周的时候，恢复性慢跑时间可能就逐渐缩短了，同时加速冲刺的次数和长度也有所增加了。

第5～8周：你应该已经适应了间歇训练，训练时也会感觉轻松多了，你的基础配速很可能也提高了。依据“两周两月”法则，第8周（大约是两个月）结束后，你的身体已经准备好迎接下一个挑战了，做好创造个人最好成绩的准备吧。

第1周	第1天 慢跑9.7公里	第2天 休息
第2周	第8天 休息	第9天 慢跑9.7公里
第3周	第15天 慢跑10.5公里	第16天 休息
第4周	第22天 休息	第23天 慢跑8公里
第5周	第29天 慢跑9.7公里	第30天 休息
第6周	第36天 休息	第37天 慢跑8公里
第7周	第43天 休息	第44天 慢跑10.5公里
第8周	第50天 慢跑10.5公里	第51天 休息

□ 休息日

■ 跑步日

第3天	第4天	第5天	第6天	第7天	合计
慢跑9.7公里	休息	慢跑8公里	休息	慢跑6.4公里，2次2分钟加速冲刺（恢复时间2分钟）	33.8公里
第10天	**第11天**	**第12天**	**第13天**	**第14天**	**合计**
休息	慢跑9.7公里	慢跑8.6公里	休息	慢跑6.4公里，2次2分钟加速冲刺（恢复时间2分钟）	34.6公里
第17天	**第18天**	**第19天**	**第20天**	**第21天**	**合计**
慢跑9.7公里	休息	慢跑10.5公里	休息	慢跑6.4公里，2次2分钟加速冲刺（恢复时间1.5分钟）	37公里
第24天	**第25天**	**第26天**	**第27天**	**第28天**	**合计**
休息	慢跑7.2公里	休息	慢跑8公里	慢跑6.4公里，3次3分钟加速冲刺（恢复时间1.5分钟）	29.8公里
第31天	**第32天**	**第33天**	**第34天**	**第35天**	**合计**
慢跑9.7公里	休息	慢跑6.4公里	休息	慢跑6.4公里，4次3分钟加速冲刺（恢复时间1.5分钟）	32.2公里
第38天	**第39天**	**第40天**	**第41天**	**第42天**	**合计**
休息	慢跑10.5公里	休息	慢跑9.7公里	慢跑6.4公里，4次3分钟加速冲刺（恢复时间1.5分钟）	34.6公里
第45天	**第46天**	**第47天**	**第48天**	**第49天**	**合计**
休息	慢跑10.5公里	慢跑8公里	休息	慢跑6.4公里，4次3分钟加速冲刺（恢复时间1.5分钟）	35.4公里
第52天	**第53天**	**第54天**	**第55天**	**第56天**	**合计**
慢跑9.7公里	休息	慢跑10.5公里	休息	慢跑6.4公里，5次3分钟加速冲刺（恢复时间1.5分钟）	37公里

上坡跑训练

上坡跑带给你的可不只是崎岖的山路，它还能锻炼你的毅力，让你成为更优秀的短跑选手。作为一种训练战术，上坡跑也能够很好地预防运动损伤。与下坡跑和平地跑相比，上坡跑更不容易导致身体受伤。最佳的坡度不应超过7度，如果坡太陡，你的配速就会大大降低，锻炼的效果也会因此大打折扣。

强身健体的上坡跑

每周增加一次上坡跑训练对于增强毅力和冲刺能力大有裨益。上坡跑对腿部的肌肉具有强化作用，这些肌肉刚好也是负责加速冲刺的肌肉。上坡跑需要你用自己的双腿去对抗地球重力，这种训练能够让你在任何坡度上跑得更快、更有力。此外，上坡跑也能增加最大摄氧量，有助于身体更高效地利用摄入的氧气，让你在提高配速的同时保持轻松、自然的跑步姿势。

如何进行上坡跑训练？

找一个长度在100～400米、坡度不大于7度的斜坡。从心理学角度来说，如果你从下面就能看到坡顶那就最好了。以8级体感强度开始上坡跑。你的身体会自然前倾，这对于短跑冲刺来说是很必要的。为了获得更大的冲力，要把膝盖抬得比平时更高一些，手臂的摆动幅度也要更大一些。记住，上坡跑训练是很艰辛的。你要在自己的能力承受范畴内尽量多上坡几次（标准训练通常是2～5次），跑到坡顶后以恢复性慢跑的方式折返下坡。刚开始的时候，也可以在坡顶停留一会儿，让身体慢慢恢复。

要想增加训练的难度，可以在接近坡顶时突然加速，一直高速冲过坡顶后再减小训练强度，让身体慢慢恢复到正常状态。

强化力量的夸张姿势：在上坡跑时，为了获得更大的冲力，要把膝盖抬得比平时更高一些，手臂的摆动幅度也要更大一些。

上坡跑：在训练计划中加入上坡跑训练能增加你的最大摄氧量，让你的跑步成绩更上一层楼。

路面

虽然如今的跑鞋都是高科技设计，已经能为跑者提供诸多的保护，但路面对于跑者来说依然非常重要。坚硬的路面对跑步带来的冲击几乎没有什么吸收能力，所以很可能导致外伤。此外，巨大的冲击力意味着身体需要更长的时间恢复，甚至还有可能对身体造成长期的疼痛和损伤。下面的这几条建议能够帮助你规避在坚硬的路面上跑步导致的损伤。

不同的路面有好坏之分

通常来说，跑步对身体健康是有很大好处的，但如果选择不当，也可能对你的肌肉骨骼系统造成伤害。跑步过程中脚部落地时，地面带来的冲击力大约是体重的4倍。有些路面会把这种冲击力反弹到腿上，而另外一些路面能够吸收这种冲击力，让你的脚部轻轻落地。脚部落地的动作越轻，这种冲击力对身体的影响就越小，你的肌肉和骨骼恢复得就越快。因此，凭常识就能知道，在跑步时应该选择能够最大程度吸收这种冲击力的路面。虽然没有哪种路面是完美无缺的，但某些路面对冲击力的吸收效果的确更强一些。

改变才是关键

为了将跑步损伤的风险降至最低，必须经常改变自己的跑步路线，并选择不同的路面进行跑步训练。如果长期在同一种路面上跑步，腿部就会持续以同样的方式撞击路面，这无疑更容易导致身体受伤。这种跑步模式会不断磨损你的骨骼、肌肉和软骨，逐渐形成一个伤槽，或者叫骨骼凹槽，并最终导致损伤。因此，除了要选择相对柔软的路面，你还应该不时选择不同的路面进行跑步训练。这些改变倒也不需要特别激进。如果你通常在公园的土路上跑步，那就可以偶尔去路旁的草地里慢跑。只要你能感觉到改变会让你远离伤槽，这种改变就是有益的。

明智地选择跑步路面：柔软的路面能够吸收跑步带来的冲击力，比如土路，有助于将受伤的风险降至最低。

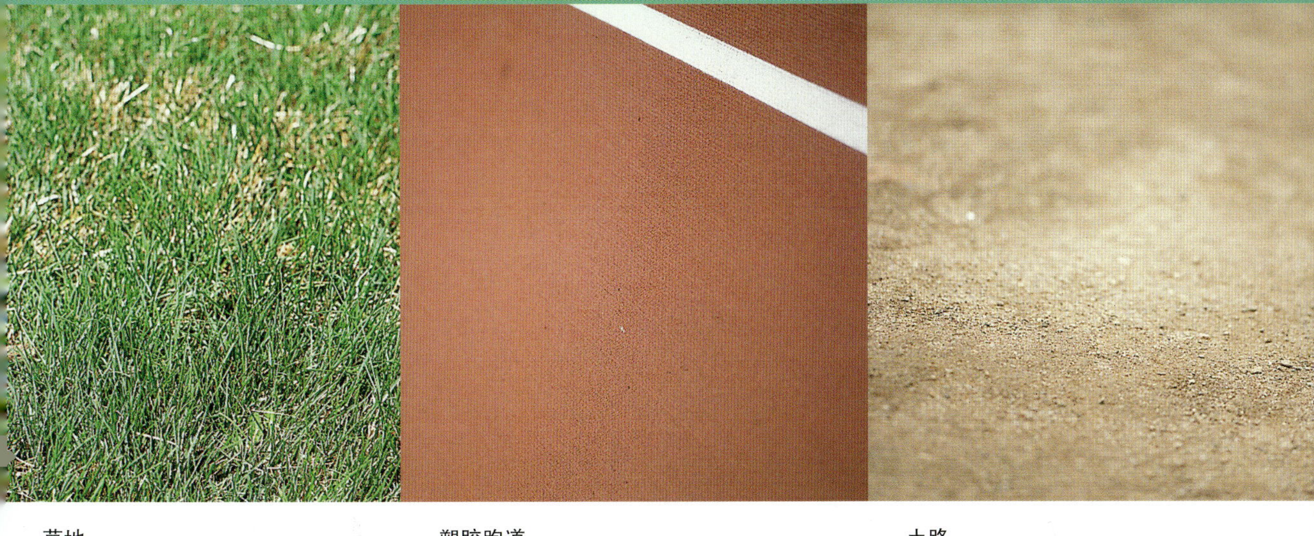

草地
精心养护的平整草地是理想的跑步路面。在柔软的草地上跑步会显得非常轻松，而且也不会对肌肉造成过大的压力。不过，一定要避开凹凸不平的草地。

塑胶跑道
塑胶跑道的设计初衷就是吸收冲击力，所以是非常棒的跑步路面。这种跑道使用的材料既能吸收冲击力，又有一定的弹性。

土路
乡间小路或土路是非常理想的跑步路面，因为它们都相对柔软。不过，一定要注意脚下，别被路上的石头或暴露在外面的树根绊倒。

沙地
平整坚实的沙地也是很棒的跑步路面。它同样可以吸收冲击力，你甚至可以光着脚跑。不过，要避开太过松软或凹凸不平的沙地，因为它们可能导致小腿肌肉劳损和拉伤。

柏油路
与混凝土路面相比，柏油路吸收冲击力的能力相对要好一些，尤其是在夏季的几个月里，不过，柏油路对于身体来说依然还是太坚硬了，所以要尽可能避开这种路面。

混凝土路面
就跑步而言，这是最坚硬的路面了，混凝土路面能够吸收的冲击力几乎可以忽略不计，只要有可能，就不要在这种路面上跑步。

路线和惯例

大部分跑者都有自己的跑步习惯，每次跑步都是那么一两个“标准路线”。不过，就像每次都在同样的路面跑步一样，长期重复同样的跑步路线也没什么好处，很容易造成拉伤。为了避免重复路线可能造成的损伤，你可以为自己多开辟几条新的跑步路线。

三条路线总比两条好

为了避免长期重复同样的路线可能造成的跑步损伤，至少应该为自己规划三条路线，并尽量在三条路线中不停地变换。要对这些路线非常熟悉，这样跑起来会很舒服。熟悉路线还能让自由地放飞思绪，会让你觉得时间过得很快。在熟悉的路线上跑步也会让人感觉非常放松，同时又能规避总跑同样的路线可能造成的伤槽。

你的每条跑步路线重点锻炼的肌肉应该也有所不同，锻炼的方式也可以做到差异化，这可比只有两条标准路线带来的挑战更大。这三条路线还应该有不同的难度级别，如果有可能，最好路线所处的环境也不一样，这样跑起来就不会觉得

路线多样化的好处：要打破只跑一到两条线路的习惯，至少给自己规划三条路线，而且这些路线的位置和难度各不相同。对于身体来说，三条路线总比两天路线好。

枯燥了。

选择的三条路线应该都是自己喜欢的，这一点非常重要，因为只有喜欢这些路线，你才会对跑步充满期待。每次都可以基于自己的感觉选择具体的路线——轻松的路线、中等难度的路线或者相对艰辛的路线。

你的第一条路线跑起来可以相对轻松，比如一条穿过公园的小路，路面相对松软，能够很好地吸收冲击力，土路或者草地都可以。第二条路线可以长度居中，比如你家附近的人行道，这条路线跑起来要比第一条路线稍微困难一些。你的第三条路线可能距离比较长，比如一条林间小路。这条路线应该是三条路线中最难跑的，甚至还可能包括一些上坡路段。

“习惯的奴隶”也能承受的小小改变

就算是为了避免重复路线可能造成的伤槽，也没必要完全推翻此前的跑步路线。如果不愿意再给自己规划一条新路线，在现有的一到两条路线上做些小小的改变也是可以的。比如，还是在原来的路线上跑，但选择与平时相反的方向。

如果你看到跑步路线的附近有另外一种类型的路面，也可以尝试去跑一会，以便打破惯常的压力模式。还可以尝试换到路的另一侧去跑，或者只是调整下平时的跑步距离。具体怎么调整要看自己的感觉，比如感觉不太好的时候就可以少跑一段，把最后的10分钟变成走路，但感觉很棒的时候就可以多跑一段距离。任何改变对身体都是有好处的，只要你能感觉到这种改变会让你远离伤槽。

使用跑步机

暂时离开你常用的跑步路线，到跑步机上跑跑吧。跑步机的传送带吸收冲击的能力比多数路面都要强。由于传送带会随着你一起移动，所以跑起来感觉更轻松一些。

1 先把双脚踏在跑步机两边的台阶上，站立在传送带的中间位置。按下开始按钮。

2 双手握住跑步机的扶手，传送带开始移动时跟着迈出脚步，慢慢走起来。按下调速按钮，逐渐加快速度。

3 双手离开扶手，开始慢跑或快跑，具体要看你希望达到怎样的速度了。如果你想把速度降下来或者停止跑步，直接按下控制台上相应的按钮即可。

呼吸

如果你的呼吸非常有效，你甚至感觉不到自己在呼吸。要想做到呼吸顺畅，只要保持放松就好了，不过，说起来容易做起来难。有些人跑步时会变得紧张，觉得有压力，结果呼吸就变得急促起来。如果你在正常的有氧跑步状态下都觉得吸入的氧气不够用，可以尝试借助下面的练习缓解自己的紧张情绪，让呼吸回到正常状态。

呼吸的方式会有错吗？

跑步时没有所谓错误的呼吸方式，能够最有效地把氧气吸入肺里的方式就是最适合你的呼吸方式，无论是通过嘴还是鼻子呼吸，或者两者同时使用，都是没问题的。记住，每个人都是呼吸专家，只要保持放松就好了。

轻松跑时的呼吸放松练习

如果你是以边跑步边聊天的配速进行放松跑，你甚至可能感觉不到自己正在呼吸，关键是要保持放松。紧张情绪可能导致呼吸紊乱，在开始跑步前可以做做下面介绍的呼吸放松练习。

艰辛跑时的呼吸放松练习

在相对艰辛的跑步过程中，你的呼吸可能会有点儿急促。不过，不要对此太过关注，因为它可能分散你的注意力，让你的思绪无法聚焦。相反，尝试通过深呼吸调整自己的呼吸节奏。如果你在艰辛的跑步过程中能够做到身心放松，你最自然的呼吸模式就会自己浮现出来。

净化式深呼吸

如果跑步任务比较艰巨，你的身体就会变得比较紧张，很难保持自然、舒服的跑步姿势。当出现这种情况时，做个深呼吸会非常有用。先深吸一口气，然后慢慢地把它全部呼出来，让身体得到彻底的放松，让呼吸节奏恢复正常。这种净化式深呼吸还能让你的呼吸变得更加顺畅。在呼气的时候，让胳膊充分放松，自然下垂；待你整个人恢复到正常的跑步姿势时，让胳膊再自然摆动起来就好了。

深吸一口气

全部呼出来

呼吸放松

很多跑者发现，保持身心放松并不容易。要想做到这一点，最好的方式就是在开始热身慢跑前做几次深呼吸。这个练习也就需要1分钟的时间，但却能在很大程度上改善你的身心状态。

1 两脚分立，与髋部同宽，双臂放松，自然下垂。深吸一口气，吸气时在心中默数三下，让吸入的氧气充满整个胸腔，同时把肩膀往上往后伸展。

2 慢慢呼气，同样在心中默数三下，让胳膊和肩膀自然放松，把二氧化碳从肺里呼出来。按照这个顺序重复吸气呼气3~5次，或者直到你感觉身心得到充分放松为止。

安全性和可见度

由于跑步时我是“隐形的”，所以“适应环境、保持活跃”是我的座右铭，我希望这也能成为你的座右铭。每当跑到十字路口或者穿越街道时，都要假设驾驶员根本看不见你，即便你们有眼神接触他也看不见你。司机的一个错误就可能让你缺胳膊少腿，甚至是一命呜呼。如果你在偏僻的地方跑步，一定要结伴而行，至少得有一个同伴，因为单独一个人很容易引起坏人的注意，成为坏人攻击的目标。

保持警惕，恰当着装

当你和车辆在十字路口相遇时，如果你一味追求自己的路权，很有可能会被撞得血肉模糊，甚至丢掉小命。在晚上或黎明跑步时，要尽量沿着有路灯或亮光的人行道跑，不要穿越马路。强烈建议佩戴可以闪光的小灯，或者穿上能够反光的衣服。这些安全措施只是为了引起驾驶员的注意，你自己不能因为采取了这些措施就放松警惕。事实上，即便驾驶员意识到车前面有东西，也不一定知道你在哪儿，他们依然可能直接撞上你。

保护自己

永远不要一个人在晚上跑步，如果你是女性，就更不能一个人跑了。至少找一个同伴跟你一起跑，而且永远不要去太远的地方。晚上在偏僻的地方慢跑很容易引起别人的注意，这些地方总有一些人会因为各种原因盯上你，被他们盯上通常都不会有什么好结果。为了把风险降至最低，应尽量避开这些区域，最好与朋友结伴而行。

选择晚上跑步的人还应该准备好报警装置，声音越大越好，效果越明显越好。这些装置价格不贵，到处都能买到。很多计步器都有报警功能。

跑步时一定要带着手机，以便出现紧急情况时可以电话求救。有些跑步App也能实时记录你的跑步轨迹，把你的跑步轨迹与预设的紧急联系人分享，一旦发生不测，他们也能知道去哪里找你。

与朋友一起跑：与一个或一群朋友一起跑步总是最安全的，如果你是女性则更是如此。自己一个人跑很容易引起坏人的注意，成为坏人攻击的目标。

最好穿反光衣：如果在晚上或黎明跑步，一定要穿反光衣，并时刻保持警惕。

夜跑安全小贴士

- 一定要穿反光衣。
- 选择与车流相反的方向，以便能够看清迎面驶来的汽车。
- 选择不需要穿越马路的路线。
- 永远不要一个人跑，如果你是女性，更不能一个人跑。
- 带上手机，设好紧急联系人，设好快速拨号键。
- 带上报警装置。
- 躲开路上的车辆，永远不跟车辆抢路。
- 永远不要跑到远处的偏僻之地，因为一旦遇到坏人，你根本无人可以求助。
- 选择熟悉的路线，避免迷路。

第六章
参加比赛

无论你现在是什么水平，参加跑步比赛都是一件有趣的事，它不仅能带给你满足感，而且还能为你的训练设定一系列的基准。在我看来，任何距离超过1.6公里的跑步比赛都值得重视。间歇训练的目的之一是让你的双腿习惯比平时移动得更快，同样的道理，参加短距离比赛也能带来适应性训练效果，我始终都把短距离赛事当作长距离赛事的训练机会。

为比赛做好准备

长期的训练已经让你的身体做好了参加比赛的准备，现在，该让你的心理也做好准备了。距离比赛只有最后两周了，在此期间，其实无论怎么训练，你的身体健康状况都不可能大幅提升。现在，最关键的是尽可能保持一贯的训练节奏，只不过要做减量训练，逐渐减少自己的跑量。回顾一下自己的训练日志，告诉自己：我已经为即将到来的比赛打下了坚实的基础。

回顾训练日志并设定比赛时的目标配速

花点时间回看你的训练日志，通过这种方式坚定自己的信心：“从训练量上来看，我已经为即将到来的比赛做好了一切必要的准备！”从训练日志中也能够看出，你所取得的一切进步都来之不易，都是你用辛勤的汗水换来的。你可以基于训练日志为自己设定比赛当天的目标配速。

比较安全的做法是把长期训练的平均配速设为比赛当天的目标配速。你还可以在脑海中给自己设一个要去挑战的目标配速，这个目标配速可以比长期训练的平均配速快一些，每1.6公里快1分钟。算出你在各个赛段的安全配速和挑战性配速，然后把这些信息打印在一个细长的纸条上，比赛时把这个纸条做成一个手环戴在手腕上。

如果你担心自己比赛时能否正常发挥，这完全是可以理解的，而且这种心态对你来说是好事。回顾下你的训练日志，从中找出这样的例子：当天你有点担心自己的表现，但事实上你的实际表现超出了自己的预期。通过这种方式给自己打气。

不要尝试任何新的东西

在比赛前的两个星期里，不要尝试任何新的东西，尽量保持此前的训练和生活节奏，但是要把自己的训练量减下来。无论饮食、训练、睡眠习惯、

分段配速手环

分段配速可以提醒跑者跑到特定距离时应该花费的时间是多少。很多跑步网站上都有适合不同距离和不同配速的分段配速模板。当然，你也可以自己计算分段配速：首先，设定好以分钟计算的每公里目标配速，然后通过乘法算出跑完后面每公里所需的时间。

你可以用长条形的纸把分段配速打印出来，做成分段配速手环戴到手腕上，这么做有助于你在比赛中清楚地了解自己的配速，进而确保实现自己的目标。有些健康追踪器和跑步App也能通过GPS实时播报分段配速。不过，如果GPS信号被阻断，这些装置播放的配速可能不准确，所以要谨慎使用。

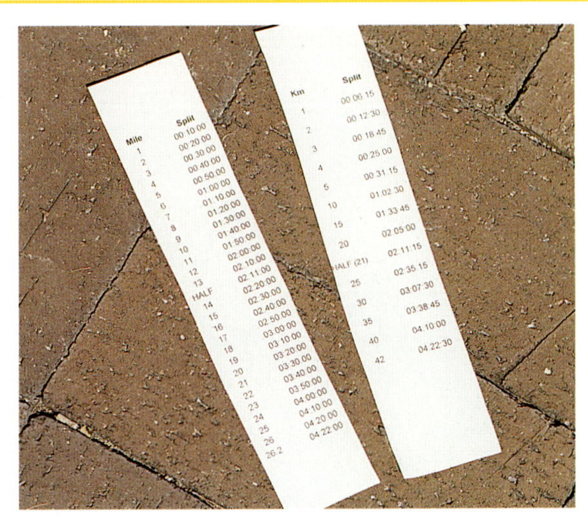

压力水平、衣服和鞋子都不要有太大的改变。任何大的改变都可能对你在比赛中的表现造成负面影响。想在比赛前给自己买双新鞋子是很正常的：你可能会觉得新鞋子能够帮助你更好地实现自己的目标。无论是鞋子还是其他的东西，如果你真想买，那就买吧，只不过别在比赛结束前使用！

熟悉场地、想象成功

如果比赛距离不超过14.5公里，可以提前两天去熟悉下赛道，走路或者骑车都可以。如果马拉松比赛的场地就在你家附近，可以在比赛前一周用慢跑的方式熟悉下最后10公里的赛道，因为大部分跑者都发现最后的10公里才是最难跑的。永远不要试图把全程的赛道都熟悉一遍，不管是走路还是开车都不要这么做。熟悉42.1公里可得花不少时间呢，而且从心理层面来说，这么折腾一番给你留下的记忆只会弊大于利。

熟悉赛道：如果比赛距离不超过14.5公里，可以提前两天去熟悉下赛道，走路或者慢跑都可以。熟悉赛道有助于缓解比赛当天的紧张情绪。

如果比赛的场地不在你家附近，可以找一张地图，把比赛中的上坡路段都标出来。在熟悉赛道的时候，想象一下自己成功完成比赛的情形。到了比赛当天，你就会有一种似曾相识的感觉，因此也就不会感到紧张了。

减量训练

在比赛前两周刻苦训练并不会让你的身体变得更强壮，尤其是在马拉松比赛前。事实上，即便这两周你都躺在床上休息，你的健康水平也不会因此下降。就这两周而言，我的座右铭就是：少训练才更好。在这段时间进行减量训练不仅能够避免比赛前出现运动损伤，而且还能够让糖原的存储量最大化，从而让肌肉保持在新鲜的状态。

为什么要减量训练？

减量训练包括缩短跑步距离和降低体感强度，很多世界纪录的出现都与运动员在比赛前两周进行减量训练有关。由于身体出现了轻微的损伤，这些运动员不得不在比赛前两周减少训练量。

虽然被迫减少了训练量，但他们在随后的比赛中却取得了超出所有人预期的优异成绩。事实上，在比赛前两周还进行艰苦的训练只会对你的身体造成伤害，高强度的训练可能导致运动损伤和肌肉拉伤，也会把体内储存的糖原消耗殆尽。减量训练不仅可以规避比赛前受伤的风险，而且还能让身体得到充分休息。在这两周的减量训练时间里，你的健康水平不会受到任何影响。

如何进行减量训练？

我在前文已经提到过，从理论上讲，在比赛前的最后两周里，你完全可以停止跑步，而且你的身体依然能够保持良好的健康水平。不过，从心理层面来看就不一样了。很多跑者，包括我自己，都会出于心理原因继续训练。尽管这种训练对身体没有

减量训练表

在比赛前两周内不可能显著提升自己的健康水平，如果不小心，还有可能对比赛当日的发挥造成不良影响。为了避免这一点，必须尽可能进行减量训练。

我在这里给大家准备了一个减量训练表作为参考。表格的第二行是跑者在马拉松比赛前最后一周进行艰苦训练的情况，下面的两行则展示了减量训练应该是什么样的。不过，你要记住，这只是大概勾勒了比赛前最后两周你的安全训练量。这种训练的目的只是为了满足你的心理需求，而不是为了提升你的健康水平！除非另有说明，所有这些训练都必须是轻松的，采用可以边跑边聊天的配速完成。

周	周日	周一
刻苦训练	8公里	休息
减量训练第一周	9.7公里	休息
减量训练第二周	9.7公里	9.7公里

什么帮助，但却是一种心理上的安慰，你会觉得坚持训练才能为比赛做好更充分的准备。在彻底休息和坚持训练之间为自己找一个平衡点，这才是关键所在。

每一名跑者都是不同的，都有自己特定的心理需求。减量训练到底减到什么程度也就因人而异了，其实只要你自己觉得合理就好。我自己的经验是，把跑步距离和训练强度各减30%。

如果你此前每周的平均跑量是64.4公里，那在比赛前两周应该把每周的跑量减到45公里以内，而且要用可以聊天的配速轻松跑。为了确保能够做到心情放松，可以戴上耳机跑。这种轻松的训练不会让肌肉存储的糖原消耗殆尽，也不会影响你在比赛当天的发挥。

比赛前少跑更好：减少跑步的距离和训练的强度。在比赛前的最后两周里，所有训练都必须是轻松的，采用可以边跑边聊天的配速完成。

周二	周三	周四	周五	周六	合计
11.3公里	休息	12.9公里	休息	32.2公里（高强度训练）	64.4公里
9.7公里	9.7公里	休息	9.7公里	6.4公里	45公里
9.7公里	9.7公里	休息	6.4公里	休息	45公里

吃出胜利

就准备一场比赛而言，比赛前两周吃什么和怎么训练同样重要。不过，这并非意味着你要启用什么特殊的食谱：现在可不是全面改变饮食习惯的时候。我的第一条比赛饮食原则就是：不吃任何新的东西。你的目标是把卡路里的摄入量减少30%，同时增加现有饮食中复合碳水化合物的占比。

适度饮食、不吃任何新的东西

正如比赛前不能再改变训练节奏、跑步装备和睡眠习惯一样，你也不能在比赛前改变饮食习惯。如果你此前一直保持健康均衡饮食，蔬菜、水果、蛋白质和复合碳水化合物都有摄入，那就继续保持。如果突然改变自己的饮食习惯，你的身体可能会有强烈的反应，比如便秘、体重增加或者恶心想吐，这些反应对于比赛来说无疑都是一场灾难。

如果你要到国外比赛，记住，最简单的食物就是最安全的。你可能很难找到自己熟悉的饭菜，明智的选择是带上一些全麦面包、水果和蔬菜，这样就算没法出去吃饭也可以在宾馆房间里简单解决，不至于饿着自己。

减少食物摄入量

在比赛前两周，你会减少自己的训练量，那么，依据常识，在这段时间内你摄入的热量也应该相应减少，力求找到一个适合自己的平衡点。在考虑比赛前的饮食时要多加小心，特别是比赛前三天的饮食。如果吃得太少，当你跑到32.2公

不需要花式饮食：在赛前的最后这段时间里，坚持吃自己熟悉的食物就好。由于训练量减少了，所以摄入的热量也要相应减少，同时增大碳水化合物在饮食中的占比。

里时体能就会显著下降，这就是跑者们俗称的“撞墙”。

可是，如果你在比赛前两周吃得太多，同时训练量也减少了，就可能出现便秘或体重增加，比赛时身体的负担也就加重了。我的经验是在比赛前两周把食物摄入量减少30%。然后，在比赛前的最后三天，为身体补充碳水化合物，大幅提高从碳水化合物中吸收热量的比例。这样吃不仅能够储备大量的糖原，而且也不至于让你的身体有时间把多余的热量转变为脂肪。到了比赛当天，可以在比赛开始前大约2个小时正常吃早餐，然后在比赛开始前30分钟吃几个能量胶，这会让你在开跑前感到精力充沛。

撞墙和补充碳水化合物

大多数马拉松选手都曾在跑步生涯的某个时刻有过“撞墙”的经历。撞墙最显著的特征就是体能突然大幅下降，你会感到迈出的每一步都是一个挑战。大部分马拉松选手都会在32.2公里处撞墙，因为此时身体储存的糖原已经被消耗殆尽了，这些糖原将近500克，可以提供2000大卡的能量。此后身体就开始使用相对低效的燃料了，也就是脂肪和蛋白质。你的配速会因此变慢，而且跑得也会非常艰苦。由于体能的改变非常巨大，你甚至会觉到自己跑得比实际慢。如果你在比赛中出现了“撞墙”的情况，能量胶或运动饮料能够赋予你力量，助你跑到终点。

补充碳水化合物有助于预防撞墙。这意味着通常要在比赛前三天减少训练量，同时摄入更多的碳水化合物，让来自碳水化合物的热量占到每日摄入总热量的70%。这样可以确保你能够最大化存储糖原，让糖原成为最主要的能量来源。要想强化这个过程，你可以在开始补充碳水化合物之前参加一个距离最长为5公里的艰苦训练。这种细微的消耗有助于你储存新的糖原。连续补充3天碳水化合物后，你的能量罐就应该已经满了。

最后的准备阶段

如果在比赛前的最后阶段还觉得毫无头绪或者没有做好准备，那你绝对没有办法把注意力全部集中到即将到来的比赛上。即便你此前一直在刻苦训练，但一些看起来微不足道的小事依然可能影响你的比赛成绩，比如带的别针太少了或者忘记戴手表了。比赛前的最后三天需要深思熟虑、做好充分的准备，当然，到了这个时候，该知道的事情也都知道了，所以反而不用再费心去猜测和揣摩。下面我会针对如何准备比赛给大家一些建议和小提示。

食物和饮水

比赛前的最后三天至关重要，要确保自己营养状况良好。如果比赛的距离比马拉松短，只要保持正常饮食就可以了，同时不要在此时改变自己的饮食习惯。

如果你要参加的是马拉松比赛，在比赛前两周就应该开始减量训练，而且要把卡路里的摄入量减少30%左右。到了比赛前最后三天，应该多吃一些东西，摄入的热量应该有70%来自碳水化合物，以最大限度地增加肌肉中糖原的储存量。

在最后三天应每天喝6～8杯水，到了比赛当天，可在比赛开始前60～90分钟时喝一大杯水。如果过早喝，这些水分在比赛开始前就可能会消耗掉了，如果喝得太晚，你可能就得在比赛前去趟洗手间了。

应在比赛前一天准备好的物品

除了参加比赛必须用到的号码布、安全别针和手表，我还建议你带上分段配速手环、一次性保暖雨衣和凡士林。你可能还会带上一个便携水壶和能量胶。如果你租用了计时芯片，需要提前一天去组委会指定的地方领取。

水壶和能量胶
不要求必须带，但如果你想带，现在就得准备好。

电子手表
可以帮助你记录时间。

安全别针
把你的号码布别到衣服上。比赛前你应该已经收到了主办方寄来的号码布。

分段计时手环
参赛包里可能有，用来记录各个赛段的用时。如果参赛包里没有，可以自己上网买一个。

一次性雨衣
比赛开始前套在身上，可以在起跑前脱下扔掉。它有保暖功能，有助于你保存好比赛所需的能量。

凡士林
涂在任何可能产生摩擦的身体部位，包括腋窝、胸部、乳头、双脚以及大腿内侧。

睡出胜利

比赛日的前一晚，你可能会轻微失眠，这很正常。幸运的是真正需要好好休息的并不是这个晚上，而是再往前一天的晚上。如果你在比赛前两天的晚上都无法入眠，也没必要感到绝望。你要做的就是静静地躺在床上，这样至少可以让身体得到放松。记住，比赛日的前一晚出去狂欢可没什么好处，任何过度的刺激都只会对比赛造成负面影响。随着比赛的临近，你的肾上腺素水平会开始攀升，所以你最需要的就是休息和放松。

比赛前一晚你需要准备好什么？

比赛的前一晚你需要准备好以下物品：号码布和至少8个安全别针，确保可以把号码布别到前胸和后背上。你还需要准备好凡士林，以便涂在容易摩擦的部位。此外，还需要打印一个分段计时手环，以便随时比对当前配速跟预期配速的差异。我还建议带上一个电子手表。比赛时，第一名跑者通过起跑线后就开始计时了，当时你可能还在后面，几分钟后才会通过起跑线。你自己的手表能带来很好的激励效果，利用手表记录自己的比赛进度，需要时还可以与分段计时手环一起使用，相互验证跑步的持续时间。计时芯片也能为你提供精准的分段计时成绩，但要等到比赛结束后才能看到这些成绩。

利用好紧张带来的能量

紧张情绪和恶劣天气可能会让你在比赛前瑟瑟发抖，好好利用这些能量，把它们转化为前半程比赛的出色表现吧。比赛前可以在身上套个一次性雨衣，它有保暖的效果，可以防止你在起跑线前冷得发抖，比赛正式开始前把它脱下来扔掉即可。

运动食品和运动饮料

你没必要为了跑好比赛去购买运动食品；一点水果或者一瓶加了点儿盐的水也能发挥同样的作用。不过，很多赛事都会在赛道沿线为参赛者提供运动饮料，如果你在训练时就喝过运动饮料，经过时记得喝一小杯。如果你还是想吃些运动食品，吃的时间和方法请参考以下建议：

运动饮料

如果主办方非常专业，一定会在赛道沿线设补水站，为参赛者提供水和运动饮料，让参赛者补充的水分和能量。

能量胶

没有必要在比赛时随身携带能量胶。要吃就在比赛前吃，而且吃的时候一定要喝水，因为水有助于碳水化合物的消化。

能量棒

可以在比赛开始前一个小时左右吃一条能量棒，但比赛过程中就不要吃了，因为你的嘴比较干，咀嚼起来会有困难。

赛前注意事项

毫无疑问，比赛开始前你会有点紧张，这是再正常不过的事情了。不过，如果你知道接下来会发生什么，就能预感到这种压力，并能够有效规避它。到了比赛当天，要确保自己了解所有相关的地点，留出充足的时间，提前抵达起跑点，并做好热身活动。如果还没正式比赛你就要火急火燎地赶往起跑点，在心理上就会处于巨大的劣势。你可以利用下面的小贴士避免赛前焦虑。

预防性措施

我建议你在比赛前做好几件事情。如果你参加的是半程马拉松或者更长距离的比赛，记得在容易摩擦的身体部位涂抹凡士林，比如双脚、腋窝、大腿内侧和乳头。同时要在裸露在外的皮肤上涂抹防晒霜。

你还应该在终点附近提前物色好一个标志性的地点，跟家人和朋友约好比赛结束后在那里见面。终点附近到时会非常拥挤，你肯定不想刚跑完比赛又要走很长一段距离，而且到时候你的头脑可能也没有那么清醒。

有仪式感的热身

为了把赛前的紧张情绪和焦虑感降至最低，应该按照惯常的热身方式进行赛前热身。这种熟悉的热身活动就是一种积极乐观的仪式，有助于你控制自己的交感神经系统。如果不用自己熟悉的方式热身，你的身体就会认为发生了不寻常的事情，进而激活你的交感神经系统，你会因此感觉到心跳加快、血压上升，你的身体也会因此向血液中释放压力激素，比如肾上腺素和皮质醇。

要想防止出现这种情况，只需按照你习惯的方式热身就好了。如果你参加的是入门级赛事，距离很短，在距离比赛开始还有15分钟时以非常慢的速度跑1～3分钟即可。如果比赛距离超过5公里，可以在距离比赛开始还有30分钟时以非常慢的速度跑10～15分钟。热身活动最迟应在距离比赛开始还有10分钟时完成。如果你平时训练时的热身方式是先快跑1分钟，然后慢跑3分钟，那就这样热身，因为对你来说这也是一种仪式。

在人群中找到自己的位置

很多比赛会采用梯形起跑规则，也就是说参赛者的起跑时间是错开的。主办方会依据参赛者的预计完赛时间（比如4小时）对大家进行分组，速度最快的参赛者最先起跑，速度最慢的参赛者最后起跑。每个组都有指派的领跑员，也就是俗称的“兔子”，他们会严格按照所在组的预计完赛时间去跑。你要计算好自己的分段配速和完赛时间，进而决定要跟着哪个组的兔子跑。

比赛日小贴士

要穿旧鞋。新鞋都是未知数，可能会把脚磨出水泡，带来剧痛。

提前30～45分钟排队上洗手间。距离比赛开始还有20分钟时排队的人会非常多。

前半程要非常放松，避免跑得太猛。到了后半程再集中注意力，因为后面跑起来会比较辛苦。

竞争对手在比赛当天会比较关注你，而不是他们自己，但你要做的是把注意力放在自己身上，不要去关注他们。

留出热身时间

提前抵达起跑点，给自己留出充足的热身时间。有条不紊的准备能给你省去很多麻烦，你也不会因时间紧迫而感到焦虑。

提前把号码布别到衣服上，尽早做好准备。

穿旧鞋，避免把脚磨出水泡

赛中注意事项

经过合理的训练，你已经做好了参加比赛的准备。除了在训练中用到的那些心理层面的工具，比如想象成功、联结与分离，还有一些技巧和战术能够帮助你以最快的时间完成比赛，创造个人最好成绩（PB）。接下来我要介绍的这些技巧和战术能够让你在心理和生理上获得领先对手的竞争优势。

刚开始要慢跑

比赛开始后，你肯定肾上腺素飙升，很想一直往前冲，但这会导致你在比赛的前1/4赛程里或者前半程跑得太快。一定要想方设法抑制住这种冲动。如果你跑得太快，一开始可能感觉很爽，但很快就会变得筋疲力尽，根本无法继续保持较快的配速。最糟糕的情况是你可能根本无法完成比赛。一定要努力按照自己预估的分段配速跑。

经过每个补水站都要喝水

如果你参加的是半程马拉松或者马拉松比赛，沿途一定会设补水站。不要觉得在补水站停下来喝水会影响你的成绩。这些歇脚点能为你补充水分和急需的葡萄糖，它们能帮助你跑得更远。充分利用好这些补水站，只要感觉渴了就喝上一小杯，避免脱水，但同时也要注意别喝得太多，以免出现水中毒。

比赛战术

有三个小技巧可以让你的完赛成绩提高几十秒，甚至几分钟。你可以跟在别人后面跑，与对方错开1/4个肩膀的距离，这样可以有效降低跑步时的风阻，最多能够为你节约7%的能量消耗。弯道时跑切线，因为切线是转弯时两点之间的最短距离，这样你就能比不跑切线的选手少用一些时间。第三个战术是短时加速，没进行过间歇训练的人很难做到这一点。你可以突然加速，进入无氧运动状态，这样就可以把你的竞争对手甩在后面，如果对方跟着你一起加速，很快就会累得不行，最终还是要被你甩在后面。很多跑步高手都是通过突然加速在马拉松比赛中获胜的。

要记住的小技巧

开始不要跑得太快。否则你可能就会跑得筋疲力尽，最终影响自己的成绩。按照自己预设的分段配速跑。

每次经过补给点都喝点水、吃点东西。你花在喝东西和吃东西上的时间绝对是值得的，这些补给能够为你提供所需的水分和能量，让你跑得更轻松。

跟着竞争对手或者领跑员跑。跟对方错开1/4个肩膀的距离，这样可以有效降低跑步时的风阻，有助于保持体能。到比赛快结束的时候，做好冲刺的准备。

弯道时跑切线。这样可以缩短比赛的距离，进而减少比赛用时。专业的运动员都会这么做，你为什么不呢？

偶尔突然加速。偶尔稍微加快配速，你平时进行的间歇训练能让你比竞争对手恢复得更快。

跟　跑

让竞争对手给你创造一个风阻极小的跑步通道。你前面的对手会首先撞上迎面而来的空气，这意味着你受到的风阻会被降到最小，这样不仅能节省能量，还能跑得更快。找一个配速稍微比你快一点的人，然后跟在他或她后面跑，为了表示礼貌，最好与对方保持1.5米左右的距离。

突然加速

只有经过间歇训练才有可能做到突然加速。你要做的就是短暂加快速度，进入无氧运动状态，然后再逐渐恢复到正常配速。如果你能够在短暂加速后快速恢复，就能够从心理上打败对手。

1 在比赛中，你通常会与一组水平相当的参赛者跑在一起，大家都用自己的基础配速跑，显得比较轻松。你可以先与大家一起跑，当你感觉已经准备好了，就稍微加快步伐，逐渐进入无氧运动状态，此时大家很可能会跟着你一起加速。3分钟后，放慢脚步，恢复到基础配速。

2 慢跑一会儿后，再次突然加速。平时的间歇训练让你具备了快速恢复的能力，但其他人就不一定具备这种能力了。如果他们的恢复时间比你长，那你就可以把他们甩在后面了。

弯道时跑切线

我们都知道两点之间直线距离最短，这是基本的数学常识。这个概念也适用于跑步比赛。当你接近弯道时，一定要跑切线（前面的跑者），而不是曲线（后面的跑者），这样你能少跑一小段距离，从而获得竞争优势。

赛后注意事项

你在比赛中挑战了自己的极限，所以跑完后的放松非常重要。就像训练时一样，跑完后先走一段或者慢跑一段距离，然后做一些简单的拉伸运动，这是最有效、最佳的排酸排毒方式，放松后你的身体就会逐渐恢复到平衡状态。跑完马拉松后，你可能会觉得筋疲力尽，根本不想放松了，但这恰恰是你应该放松的原因。

半程马拉松及更短距离的比赛

如果你参加的比赛距离不超过21公里，跑完后应该至少先快走或慢跑10分钟，让心跳恢复到正常水平，然后做一些简单的拉伸动作（参见第二章），防止第二天出现肌肉僵硬的现象。拉伸完后披一件保暖的衣物，喝点水，然后彻底放松自己。

跑完马拉松后要注意保暖

跑过终点线后，马拉松比赛主办方的工作人员通常会递给你一条塑料毯，即便你当时觉得不需要，稍后也会用得到。比赛结束后你的体温会迅速下降，有了这条塑料毯，你就不会出现体温过低的情况了。

不要马上停下来

完赛后的放松非常重要：如果你现在忽略身体的需求，随后肯定会追悔莫及。我看过很多人跑完马拉松后直接就坐地上了，然后发现自己站不起来了，因为他们的肌肉完全僵了。为了防止出现这种情况，完赛后一定要继续慢跑10～15分钟，而且最好能跟其他参赛者一起慢跑。这样不仅能排出大腿内累积的乳酸，还能给你们一个彼此交流参赛体会的机会。放松慢跑后再做一些简单的拉伸运动，加速身体的恢复进程。

赛后的饮食

艰辛的比赛结束了，你可能根本想不到吃东西，不过，完赛后两小时内还是要吃点东西的。复合碳水化合物能提升你的血糖水平，比如全麦面包或者椒盐脆饼。补充蛋白质则有助于肌肉修复，比如加奶的果汁或者鸡肉。如果暂时找不到食物，你可以吃一条能量棒，或者至少喝一杯运动饮料，补充下丢失的矿物质，比如盐分。比赛后的饮水也非常重要。你可能需要几天的时间才能给身体补足水分，所以一定要有耐心，每天保证喝6～8杯水。

按摩和休息

很多马拉松赛事和部分半程马拉松赛事都能为跑者提供赛后的按摩服务，而且价格非常合理。很多跑者相信这样的按摩能够排出肌肉中的乳酸。如果你愿意排长队做个按摩，也算是给自己完赛的一份奖励吧。

不管怎么说，你的身体需要通过休息完成自我修复。所以放松跑后吃点东西、喝点东西，然后就坐下来，放松自己，好好享受完赛带来的成就感。

披上塑料毯防止体温过低：跑完马拉松后，你的体温会迅速下降。接受主办方工作人员递给你的塑料毯，保持体温。

赛后第一周

马拉松比赛对身体是一个很大的挑战，跑完后感觉不适是很正常的。赛后第一周不要再跑步，否则很容易造成损伤。赛后第一周可能遇到如下问题。

- 严重的肌肉酸痛；走路困难。
- 免疫系统功能下降；你可能很容易感冒。
- 脱水，双腿和双脚肿胀。
- 跑完马拉松后变得精神沮丧也是常见现象。

恢复训练

完赛后你的身体很可能就到了承受极限，尤其是参加完马拉松比赛后，因此给身体充足的恢复时间至关重要。这意味着你要先彻底休息几天，然后慢慢恢复跑步。如果你不听从身体的呼唤，不让它充分休息，很可能会对身体造成长期伤害。接下来我会告诉你如何安全有效地进行恢复训练。

加量恢复训练

我们每个人都是不同的，所以赛后恢复的时间长短也会不一样。无论如何，这可不是冒险的好时机，所以还是要安全第一。

常见的说法是每1.6公里的赛程需要一天的恢复时间。这么算的话，如果你参加的是马拉松比赛，可能就需要3～5周的恢复时间。不要在恢复阶段吝啬时间，否则对你的身体一定弊大于利。赛后第一周应该完全停止跑步，最多只能做最轻微的训练（比如散步）。在接下去的2～4周里，可以慢慢开始加量训练，全部采用可以边跑边聊天的配速，如有必要就改为交叉训练，跑一天休息一天。

慢慢来：赛后第一周要完全停止跑步；在这7天里，只可以做一些非常轻微的练习，比如散步、轻松的力量练习或者骑行。

赛后恢复样表

周	第一周	第二周	第三周	第四周	第五周
周日	比赛日	休息	慢跑8公里	慢跑8公里	慢跑9.7公里
周一	休息	骑行30分钟	慢跑4.8公里	慢跑8公里	慢跑9.7公里
周二	休息	休息	休息	休息	游泳40分钟
周三	散步20～30分钟	慢跑6.4公里	骑行40分钟	游泳40分钟	慢跑9.7公里
周四	休息	休息	慢跑8公里	慢跑6.4公里	休息
周五	力量练习20分钟	慢跑6.4公里	骑行40分钟	休息	慢跑9.7公里
周六	休息	慢跑6.4公里	慢跑4.8公里	慢跑9.7公里	慢跑6.4公里
跑步距离合计	0	19.3公里	25.7公里	32.2公里	45公里

备注：全部采用可以边跑边聊天的配速；在这五周内不要进行高强度的无氧训练。

5公里训练计划

这个距离的训练特别适合跑步新手，对跑步高手也同样适用。对于跑步新手来说，这个训练计划完全是可控的，几乎没有什么挑战性；对于跑步高手来说，则是极佳的速度训练机会。不过，这个计划主要是为跑步新手设计的，应该全部采用可以边跑边聊天的配速完成。该计划中的数字仅供参考，并不一定要严格执行。

第1～4周： 如果你从未跑过1.6公里，你的身体需要2周的时间来适应这个距离。这个适应期的持续时间很可能是14天，但也可能一直持续到第4周。谨慎设定训练目标，避免训练过度。

第5～8周： 前4周跑的距离你应该已经能轻松应付了；你的身体已经适应了，此时可以迈向下一个目标。跟着身体的感觉走，慢慢加大跑步的距离。

第9～12周： 到了第10周，你应该已经接近5公里训练的最佳状态了。在第10周稍微提高下你的配速，并且/或者稍微加大跑步的距离。在最后两周里进行减量训练，至少要减量30%，避免身体因消耗过度出现损伤。

周		
第1周	第1天 慢跑1.6公里	第2天 休息
第2周	第8天 慢跑1.6公里	第9天 休息
第3周	第15天 休息	第16天 慢跑2.4公里
第4周	第22天 休息	第23天 慢跑2.4公里
第5周	第29天 慢跑3.2公里	第30天 休息
第6周	第36天 休息	第37天 慢跑3.2公里
第7周	第43天 休息	第44天 慢跑4公里
第8周	第50天 慢跑4公里	第51天 休息
第9周	第57天 休息	第58天 慢跑4.8公里
第10周	第64天 慢跑4.8公里	第65天 休息
第11周	第71天 休息	第72天 慢跑4公里
第12周	第78天 慢跑3.2公里	第79天 休息

休息日

跑步日

第3天	第4天	第5天	第6天	第7天	合计
慢跑1.6公里	休息	慢跑1.6公里	休息	休息	4.8公里

第10天	第11天	第12天	第13天	第14天	合计
慢跑1.6公里	休息	慢跑1.6公里	休息	慢跑1.6公里	6.4公里

第17天	第18天	第19天	第20天	第21天	合计
休息	慢跑2.4公里	休息	慢跑2.4公里	慢跑2.4公里	9.7公里

第24天	第25天	第26天	第27天	第28天	合计
休息	慢跑2.4公里	慢跑2.4公里	休息	慢跑2.4公里	9.7公里

第31天	第32天	第33天	第34天	第35天	合计
慢跑3.2公里	休息	慢跑3.2公里	休息	慢跑3.2公里	12.9公里

第38天	第39天	第40天	第41天	第42天	合计
休息	慢跑3.2公里	休息	慢跑3.2公里	慢跑3.2公里	12.9公里

第45天	第46天	第47天	第48天	第49天	合计
休息	慢跑4公里	休息	慢跑4公里	慢跑4公里	16公里

第52天	第53天	第54天	第55天	第56天	合计
慢跑4公里	休息	慢跑4公里	慢跑4公里	休息	16公里

第59天	第60天	第61天	第62天	第63天	合计
休息	慢跑4.8公里	慢跑4.8公里	休息	慢跑4.8公里	19.3公里

第66天	第67天	第68天	第69天	第70天	合计
慢跑5.6公里	休息	慢跑4.8公里	慢跑5.6公里	休息	20.9公里

第73天	第74天	第75天	第76天	第77天	合计
休息	慢跑4公里	休息	慢跑4公里	休息	12公里

第80天	第81天	第82天	第83天	第84天	合计
慢跑3.2公里	休息	慢跑3.2公里	休息	休息	9.7公里

10公里训练计划

这个距离的训练特别适合中级跑者，他们已经跑过几次5公里，希望给自己一个新的挑战。与5公里训练计划一样，10公里训练计划对跑步高手也同样适用，同样是极佳的速度训练机会。对于即将第一次参加半程马拉松比赛的跑者来说，也应该首先进行10公里训练，让自己先找找比赛的感觉。这个计划主要是为中级跑者设计的，应该全部采用可以边跑边聊天的配速完成。你也可以在该计划中每周加入一次间歇训练，是否加你可以自己定。该计划中的数字仅供参考，并不要求你严格执行。

第1～4周：如果你从未跑过5公里以上，你的身体需要2周的时间来适应这些增加的距离。这个适应期的持续时间很可能是14天，但也可能一直持续到第4周。谨慎设定训练目标，避免训练过度。

第5～8周：前4周跑的距离你应该已经能轻松应付了；你的身体已经适应了，此时可以迈向下一个目标。跟着身体的感觉走，慢慢加大跑步的距离，或者每周加入一次间歇训练。

第9～12周：到了第10周，你应该已经接近10公里训练的最佳状态了。在第10周稍微提高下你的配速，并且/或者稍微加大跑步的距离。在最后两周里，进行减量训练，至少要减量30%，避免身体因消耗过度出现损伤。

周	天	天
第1周	第1天 慢跑4.8公里	第2天 休息
第2周	第8天 慢跑5.6公里	第9天 休息
第3周	第15天 慢跑5.6公里	第16天 慢跑5.6公里
第4周	第22天 休息	第23天 慢跑6.4公里
第5周	第29天 慢跑6.4公里	第30天 休息
第6周	第36天 休息	第37天 慢跑7.2公里
第7周	第43天 休息	第44天 慢跑8公里
第8周	第50天 慢跑8.6公里	第51天 休息
第9周	第57天 休息	第58天 慢跑9.7公里
第10周	第64天 慢跑10.5公里	第65天 休息
第11周	第71天 休息	第72天 慢跑6.4公里
第12周	第78天 慢跑5.6公里	第79天 休息

休息日

跑步日

第3天	第4天	第5天	第6天	第7天	合计
慢跑4.8公里	休息	慢跑4.8公里	休息	休息	14.4公里

第10天	第11天	第12天	第13天	第14天	合计
慢跑5.6公里	休息	慢跑5.6公里	休息	慢跑5.6公里	22.5公里

第17天	第18天	第19天	第20天	第21天	合计
休息	慢跑4.8公里	休息	慢跑5.6公里	慢跑6.4公里	28.2公里

第24天	第25天	第26天	第27天	第28天	合计
休息	慢跑6.4公里	慢跑6.4公里	休息	慢跑6.4公里	25.8公里

第31天	第32天	第33天	第34天	第35天	合计
慢跑5.6公里	休息	慢跑6.4公里	休息	慢跑7.2公里	25.8公里

第38天	第39天	第40天	第41天	第42天	合计
休息	慢跑8公里	休息	慢跑8公里	慢跑8公里	31.2公里

第45天	第46天	第47天	第48天	第49天	合计
休息	慢跑7.2公里	休息	慢跑8公里	慢跑8公里	31.2公里

第52天	第53天	第54天	第55天	第56天	合计
慢跑8.6公里	休息	慢跑8.6公里	慢跑8.6公里	休息	35.4公里

第59天	第60天	第61天	第62天	第63天	合计
休息	慢跑9.7公里	慢跑8.6公里	休息	慢跑10.5公里	35.4公里

第66天	第67天	第68天	第69天	第70天	合计
慢跑9.7公里	休息	慢跑10.5公里	慢跑8.6公里	休息	39.4公里

第73天	第74天	第75天	第76天	第77天	合计
慢跑6.4公里	慢跑6.4公里	休息	慢跑6.4公里	休息	25.8公里

第80天	第81天	第82天	第83天	第84天	合计
慢跑6.4公里	休息	慢跑4.8公里	慢跑6.4公里	休息	23.3公里

半程马拉松训练计划

半程马拉松（21公里）是很棒的中长跑赛事，所有的中级跑者和跑步高手都能从中获得极大的成就感。在参加半程马拉松之前，你应该已经跑过几次10公里，对这个距离的比赛已经有所了解。对于未来打算参加马拉松比赛的跑者来说，半程马拉松是不错的训练机会。这个计划主要是为中级跑者设计的，应该全部采用可以边跑边聊天的配速完成。你也可以在该计划中每周加入一次间歇训练，是否加你可以自己定。该计划中的数字仅供参考，并不要求你严格执行。

第1～4周： 如果你从未跑过10公里，你的身体需要2周的时间来适应这个距离。这个适应期的持续时间很可能是14天，但也可能一直持续到第4周。谨慎设定训练目标，避免训练过度。

第5～8周： 前4周跑的距离你应该已经能轻松应付了；你的身体已经适应了，此时可以迈向下一个目标。跟着身体的感觉走，慢慢加大跑步的距离。从现在开始，你可以每周拿出一天进行间歇训练（标注星号的那一天除外）。

第9～12周： 到了第10周，你应该已经接近21公里训练的最佳状态了。在第10周稍微提高下你的配速，并且/或者稍微加大跑步的距离。在最后两周里，进行减量训练，至少要减量30%，避免身体因消耗过度而出现损伤。

休息日

跑步日

周		
第1周	第1天 35.4公里	第2天 休息
第2周	第8天 慢跑10.5公里	第9天 休息
第3周	第15天 休息	第16天 慢跑8公里
第4周	第22天 休息	第23天 慢跑10.5公里
第5周	第29天 慢跑9.7公里	第30天 休息
第6周	第36天 休息	第37天 慢跑10.5公里
第7周	第43天 休息	第44天 慢跑11.3公里
第8周	第50天 慢跑11.3公里	第51天 休息
第9周	第57天 休息	第58天 慢跑11.3公里
第10周	第64天 慢跑11.3公里	第65天 慢跑10.5公里
第11周	第71天 慢跑10.5公里	第72天 慢跑4公里
第12周	第78天 慢跑3.2公里	第79天 休息

第3天	第4天	第5天	第6天	第7天	合计
慢跑9.7公里	休息	慢跑6.4公里	休息	慢跑9.7公里	35.4公里
第10天	**第11天**	**第12天**	**第13天**	**第14天**	**合计**
慢跑10.5公里	休息	慢跑6.4公里	休息	慢跑11.3公里	38.6公里
第17天	**第18天**	**第19天**	**第20天**	**第21天**	**合计**
休息	慢跑10.5公里	休息	慢跑9.7公里	慢跑12.9公里	41公里
第24天	**第25天**	**第26天**	**第27天**	**第28天**	**合计**
休息	慢跑10.5公里	慢跑8公里	休息	慢跑14.5公里	43.5公里
第31天	**第32天**	**第33天**	**第34天**	**第35天**	**合计**
慢跑12.9公里	休息	慢跑10.5公里	休息	慢跑16.1公里	49.1公里
第38天	**第39天**	**第40天**	**第41天**	**第42天**	**合计**
休息	慢跑12.9公里	休息	慢跑10.5公里	慢跑16.9公里	50.7公里
第45天	**第46天**	**第47天**	**第48天**	**第49天**	**合计**
休息	慢跑11.3公里	休息	慢跑12.9公里	慢跑17.8公里	53.1公里
第52天	**第53天**	**第54天**	**第55天**	**第56天**	**合计**
慢跑11.3公里	休息	慢跑14.5公里	休息	慢跑18.5公里	55.5公里
第59天	**第60天**	**第61天**	**第62天**	**第63天**	**合计**
休息	慢跑14.5公里	慢跑11.3公里	休息	慢跑19.3公里	56.3公里
第66天	**第67天**	**第68天**	**第69天**	**第70天**	**合计**
慢跑11.3公里	休息	慢跑10.5公里	休息	慢跑21.7公里	65.2公里
第73天	**第74天**	**第75天**	**第76天**	**第77天**	**合计**
慢跑10.5公里	休息	慢跑6.4公里	休息	慢跑11.3公里	38.6公里
第80天	**第81天**	**第82天**	**第83天**	**第84天**	**合计**
慢跑9.7公里	休息	慢跑6.4公里	休息	慢跑9.7公里	35.4公里

全程马拉松训练计划

参加全程马拉松是所有中级跑者和跑步高手的梦想，他们都会觉得全程马拉松是神圣的赛事。其实，只要训练得当，任何人都能跑一场全程马拉松。这个训练计划是在半程马拉松训练计划的基础上设计的。在参加全程马拉松之前，你应该至少参加过一次半程马拉松了——它会告诉你身体在长距离赛事中会做出何种反应。此外，也要谨慎选择要参加的马拉松比赛，明智的做法是选一个与你训练时的地形和气候都非常接近的地方参加马拉松比赛。所以，如果是在一个地形平坦、天气凉爽的城市训练，那就选择一个拥有平坦赛道和凉爽气候的马拉松举办城市吧。

这个计划主要是为中级跑者设计的，应该全部采用可以边跑边聊天的配速完成。也可以在该计划中每周加入一次间歇训练，是否加练要根据自己的情况定。该计划中的数字仅供参考，并不要求你严格执行。

第1～4周：如果你从未跑过10公里，你的身体需要2周的时间来适应这个距离。这个适应期的持续时间很可能是14天，但也可能一直持续到第4周。谨慎设定训练目标，避免训练过度。

第5～8周：前4周跑的距离你应该已经能轻松应付了；你的身体已经适应了，此时可以迈向下一个目标。跟着身体的感觉走，慢慢加大跑步的距离。从现在开始，你可以每周拿出一天进行间歇训练（标注星号的那一天除外）。

第9～12周：到了第10周，你应该已经接近30.6～32.2公里训练的最佳状态了。在第10周稍微提高下你的配速，并且/或者稍微加大跑步的距离。你完全没必要进行超过35.4公里的训练——跑这么长的距离对你的身体有害无益。在最后两周里，进行减量训练，至少要减量30%，避免身体因消耗过度而出现损伤（更多信息请参与减量训练部分）。

休息日
跑步日

周		
第1周	第1天 慢跑9.7公里	第2天 休息
第2周	第8天 慢跑9.7公里	第9天 休息
第3周	第15天 休息	第16天 慢跑9.7公里
第4周	第22天 休息	第23天 慢跑9.7公里
第5周	第29天 慢跑11.3公里	第30天 休息
第6周	第36天 休息	第37天 慢跑11.3公里
第7周	第43天 休息	第44天 慢跑11.3公里
第8周	第50天 慢跑11.3公里	第51天 休息
第9周	第57天 休息	第58天 慢跑9.7公里
第10周	第64天 慢跑11.3公里	第65天 休息
第11周	第71天 慢跑9.7公里	第72天 休息
第12周	第78天 慢跑9.7公里	第79天 慢跑9.7公里

第3天	第4天	第5天	第6天	第7天	合计
慢跑9.7公里	休息	慢跑6.4公里	休息	慢跑16.1公里	41.9公里
第10天	第11天	第12天	第13天	第14天	合计
慢跑11.3公里	休息	慢跑8公里	休息	慢跑19.3公里	48.3公里
第17天	第18天	第19天	第20天	第21天	合计
休息	慢跑11.3公里	休息	慢跑9.7公里	慢跑20.9公里	51.6公里
第24天	第25天	第26天	第27天	第28天	合计
休息	慢跑12.9公里	慢跑9.7公里	休息	慢跑19.3公里	51.6公里
第31天	第32天	第33天	第34天	第35天	合计
慢跑14.5公里	休息	慢跑9.7公里	休息	慢跑24.1公里	59.6公里
第38天	第39天	第40天	第41天	第42天	合计
休息	慢跑14.5公里	休息	慢跑9.7公里	慢跑27.4公里	61.2公里
第45天	第46天	第47天	第48天	第49天	合计
休息	慢跑11.3公里	休息	慢跑12.9公里	慢跑25.7公里	62.9公里
第52天	第53天	第54天	第55天	第56天	合计
慢跑11.3公里	休息	慢跑12.9公里	休息	慢跑29公里	64.5公里
第59天	第60天	第61天	第62天	第63天	合计
休息	慢跑14.5公里	慢跑9.7公里	休息	慢跑30.6公里	64.5公里
第66天	第67天	第68天	第69天	第70天	合计
慢跑9.7公里	休息	慢跑12.9公里	休息	慢跑33.8公里	67.7公里
第73天	第74天	第75天	第76天	第77天	合计
慢跑9.7公里	慢跑9.7公里	休息	慢跑9.7公里	慢跑6.4公里	45.2公里
第80天	第81天	第82天	第83天	第84天	合计
慢跑9.7公里	慢跑9.7公里	休息	慢跑6.4公里	休息	45.2公里

索引

K

L

M

N

O

P

Q

致谢

作者致谢

在我看来，致谢就意味着要对很多人表达感谢和感激之情，感谢他们辅导我、鼓励我去追求自己的奥运梦想，实现自己的目标。现在我认识到自己是多么幸运，能够遇到这么多好人。首先，感谢我在耶鲁大学跑步时的队友，我们是一辈子的好朋友。感谢肯·戴维斯（Ken Davis）博士，他是我在耶鲁的室友，是他向我展示了什么才是真正的聚焦。感谢佛罗里达州的吉米·卡恩斯（Jimmy Carnes）和慕尼黑奥运会上的比尔·鲍尔曼（Bill Bowerman）——他们不知不觉中就让我学会了如何把关注的焦点放在训练上。不再参加奥运会后，乔治·赫希（George Hirsch）成了我的榜样，我从他身上学到了如何在谋生的同时继续与自己热爱的跑步运动保持联系。在很多年的时间里，乔·弗伦奇（Joe French）、鲍勃·斯通（Bob Stone）、史蒂夫·博斯利（Steve Bosley）以及其他的好朋友在我的第二故乡科罗拉多州博尔德市帮我提供了良好的生活和训练场所。感谢我的未婚妻米歇尔（Michelle），和我一起携手迈向新的生活。感谢吉莉安·罗伯茨（Gillian Roberts）和玛丽-克莱尔·杰拉姆（Mary-Clare Jerram）对我写作能力的信任，希望我的这本书真正是通俗易懂的。也要感谢米兰达·哈维（Miranda Harvey）和拉塞尔·萨德尔（Russell Sadur）的精美排版和拍摄的图片，最后要感谢香农·比蒂（Shannon Beatty）在我脑洞大开时帮我理清自己的思绪。

出版方致谢

DK公司感谢摄影师拉塞尔·萨德尔（Russell Sadur）和他的助理妮娜·邓肯（Nina Duncan）；感谢模特艾米·柯尔比（Amy Colby）、西蒙·哈利（Simon Harley）、莱斯利·赫罗德（Leslie Herod）、吉娜·曼格姆（Gina Mangum）、雪莉·马瑟森（Sheree Matheson）和西娅·汤普森（Thea Thompson）；感谢模特的发型师和化妆师凯瑟琳·科罗娜（Catherine Corona）；感谢Flatiron运动俱乐部；感谢编辑助理罗莎蒙德·考克斯（Rosamund Cox）；感谢劳拉·克拉克（Laura Clark）提供的咨询服务；同时感谢克里斯托弗·比蒂（Christopher Beatty）和艾瑞克·杜布罗（Eric Dubrow）提供的宝贵建议。

此外还要感谢弗兰克·肖特运动装备公司赞助跑步服装，感谢新百伦公司赞助跑鞋，感谢冠军芯片英国公司的朱利安·沃尔克（Julian Wolk）借给我们一个冠军芯片。

照片来源

亚瑟士：第23页；

Alamy/Image100：第86页；

Alamy/Popperfoto：第88页；

华盖创意：朱利·安芬妮：第91页。

其余图片都来自DK图片公司。

关于作者

弗兰克·肖特（Frank Shorter），美国著名长跑运动员，1972年慕尼黑奥运会男子马拉松金牌得主，后在1976年蒙特利尔奥运会夺得一枚银牌，连续四年获得福冈国际马拉松比赛冠军，以及美国多项长跑、越野跑比赛冠军。目前，弗兰克已经正式入选美国奥运名人堂。

此外，弗兰克还有耶鲁大学的心理学学位，并修过医学预科课程，后获得佛罗里达大学的法学学位。弗兰克与跑步有着不解之缘，他长年为跑步者提供相关指导，是《跑者世界》（Runner's World）杂志美国版的特邀供稿人和美国反兴奋剂协会的创会主席，致力于支持反兴奋剂运动。他创立弗兰克·肖特运动装备公司，为专业运动员研发跑步装备。

关于译者

路本福，浙江大学外语系毕业，先后任职于外研社和掌阅科技，译有《怪诞心理学》《领导力21法则》等20余本畅销书。同时作为跑步爱好者，于2013年创办行业跑团“跑进出版新时代”。

关于审校者

孙宇辉，北京体育大学田径教练，国际体适能协会（FISAF）教练导师。

影响力官方微信

虽然我们尽了最大的努力想要确保书中的信息都是准确的，无论是出版方还是作者或者参与本书出版工作的其他人都无法为每一位读者提供一对一的专业建议和服务。如果你担心自己的健康状况，在开始任何健身和/或营养计划之前最好都问一下医生的建议。

版权贸易合同登记号 图字：01-2020-2739

图书在版编目（CIP）数据

从零跑到马拉松 /（美）弗兰克·肖特（Frank Shorter）著；路本福译. —北京：电子工业出版社，2020.7
书名原文：Running for Peak Performance

ISBN 978-7-121-39034-0

Ⅰ.①从… Ⅱ.①弗… ②路… Ⅲ.①马拉松跑—运动训练 Ⅳ.①G822.82

中国版本图书馆CIP数据核字（2020）第085982号

策划编辑：张 冉（zhangran@phei.com.cn）
责任编辑：雷洪勤
印 刷：当纳利（广东）印务有限公司
装 订：当纳利（广东）印务有限公司
出版发行：电子工业出版社
北京市海淀区万寿路173信箱 邮编：100036
开 本：850×1168 1/16 印张：10 字数：320千字
版 次：2020年7月第1版
印 次：2021年10月第2次印刷
定 价：78.00元

凡所购买电子工业出版社图书有缺损问题，请向购买书店调换。若书店售缺，请与本社发行部联系，联系及邮购电话：（010）88254888，88258888。

质量投诉请发邮件至zlts@phei.com.cn，盗版侵权举报请发邮件至dbqq@phei.com.cn。

本书咨询联系方式：（010）88254210，influence@phei.com.cn，微信号：yingxianglibook。

FOR THE CURIOUS
www.dk.com